Numerologia para o Amor e os Relacionamentos

Numerologia para o AMOR e os Relacionamentos

SONIA DUCIE

Tradução
CARLOS AUGUSTO LEUBA SALUM
ANA LUCIA FRANCO

EDITORA PENSAMENTO
São Paulo

Título do original:
*Numerology
Your Love & Relationship Guide*

Copyright © 1999 Sonia Ducie.

Publicado originalmente na Grã-Bretanha em 1999 por Element Books, Ltd. Shaftesbury, Dorset.

Todos os direitos reservados. Nenhuma parte deste livro pode ser reproduzida ou usada de qualquer forma ou por qualquer meio, eletrônico ou mecânico, inclusive fotocópias, gravações ou sistema de armazenamento em banco de dados, sem permissão por escrito dos editores, exceto nos casos de trechos citados em resenhas críticas ou artigos de revistas.

O primeiro número à esquerda indica a edição, ou reedição, desta obra. A primeira dezena à direita indica o ano em que esta edição, ou reedição, foi publicada.

Edição	Ano
2-3-4-5-6-7-8-9	01-02-03-04-05

Direitos de tradução para a língua portuguesa
adquiridos com exclusividade pela
EDITORA PENSAMENTO LTDA.
Rua Dr. Mário Vicente, 374 — 04270-000 — São Paulo, SP
Fone: 272-1399 — Fax: 272-4770
E-mail: pensamento@cultrix.com.br
http://www.pensamento-cultrix.com.br
que se reserva a propriedade literária desta tradução.

Impresso em nossas oficinas gráficas.

À Vida

Sumário

1. Sobre a Numerologia 9
2. Numerologia e Relacionamentos 14
3. Aproveite ao Máximo o Guia do Amor 25
4. Faça seu Mapa Numerológico 28
5. O Guia do Amor de 1 a 9 35
   Número 1 37
   Número 2 46
   Número 3 55
   Número 4 64
   Número 5 73
   Número 6 82
   Número 7 90
   Número 8 99
   Número 9 108
6. Calcule os Números da Comparação em seu
   Relacionamento 117
7. Compare seus Mapas 120
   Comparação de Personalidades 120
   Comparação de Caminhos da Vida 127

Comparação de Carmas 134
Comparação de Metas 141
Comparação de Anos Pessoais 148

8. Guia do Amor — Estudos de Caso 155
   Estudo de Caso 1 — Um Casal 155
   Estudo de Caso 2 — Mãe e Filha 162
   Estudo de Caso 3 — Amigas 169

9. Fim da Jornada 175

Capítulo 1

Sobre a Numerologia

A numerologia é a psicologia, a filosofia e a ciência dos números. É uma ferramenta realista e poderosa porque cria na mente o espaço para sondar o subconsciente, revelando informações que não tinham sido pensadas nem enunciadas. Os números contêm infinitas possibilidades, ou potenciais, pois são espelhos límpidos — como a água — da evolução sem fim da humanidade: espelham o próprio tempo. Revelam também informações que refletem e esclarecem algumas verdades simples a respeito da vida e dos relacionamentos de cada um.

Toda a vida está ligada: a Terra, a Lua, as estrelas, os outros planetas e sistemas solares estão contidos no todo. O todo nos influencia assim como nós o influenciamos através de pensamentos, ações e intenções, pois somos parte da vida. Parece incrível, mas o que acontece em outros países influencia nossos relacionamentos, e até a Lua, poderosamente magnética, exerce sua influência. Por exemplo: uma erupção vulcânica do outro lado do globo provoca aqui uma prolongada estiagem. Esse clima seco, ainda mais no calor do verão, tende a nos deixar mais irritadiços e estressados, o que acaba influenciando todos os nossos relacionamentos.

Os números são holísticos porque ligam o passado, o presente e o futuro, como partes do todo. Na verdade, é por meio dos números que aprendemos e crescemos, sendo que o crescimento é orgânico e definido e resulta das mudanças pelas quais passamos na vida. Ciência, biologia, geometria, arte, medicina, economia e matemática — os números são o fundamento da existência. São as raízes da evolução e a chave da alegria, pois trazem consciência à sua vida diária.

Na numerologia, todos os números são redutíveis a um dígito de 1 a 9 e cada um deles é o que chamamos de ciclo ou tendência. A soma de qualquer número — como por exemplo 2.764, que dá 19, depois 10 e depois 1 — dá um dígito final entre 1 e 9. A vida toda gira em ciclos de 1 a 9, porque essas são suas denominações mais simples. Na verdade, a vida e suas lições são simples e é reduzindo a vida à sua simplicidade que revelamos suas verdades, o Santo Graal. A vida gira em torno de ciclos, e os ciclos dentro de ciclos. Há ciclos grandes, como o da vida, morte e renascimento, e ciclos menores: dia e noite, as quatro estações (que dependem da parte do mundo em que vivemos), ciclos semanais, ciclos da Lua e muitos outros. Eles podem ser observados através da numerologia, que nos ajuda a compreender seu significado e o papel que desempenham em nossa vida. A numerologia nos ajuda a compreender melhor nosso universo interior, que se espelha no mundo externo à nossa volta.

A numerologia é também uma forma de desenvolver a intuição e favorece o desenvolvimento pessoal. Quando aplicamos a numerologia aos números da nossa data de nascimento e do nosso nome (cada letra do alfabeto se traduz num número de 1 a 26), esses números ou energias criam vida. Eles transmitem informações sobre padrões de comportamento, personalidade, direção ou propósito de vida, metas, responsabilidades cármicas e ciclos temporários anuais (ciclos do ano pessoal), que influenciam cada ano de nossa vida. Todos esses números podem ser situados num mapa numerológico, que é único para cada pessoa. Os números que aparecem nas diversas áreas do mapa influenciam todos os aspectos de nossa vida, incluindo os relacionamentos. Assim, quem tem consciência do poder desses números está em melhor posição para tirar o maior proveito de seus relacionamentos.

O Capítulo 4 ensina a fazer o mapa numerológico, que nos dá ferramentas para descobrir nossos pontos fortes, nossos conflitos, nossos desafios e nossos potenciais em todos os relacionamentos. Cada número do mapa é importante, mas os números da Personalidade e do Objetivo de Vida são os que exercem a influência mais forte. Às vezes a personalidade quer uma coisa, mas os números do Objetivo de Vida dizem que é de outra coisa que precisamos. Às vezes, esses dois números indicam que nos sentimos como duas pessoas diferentes: duas partes que tentam descobrir o que é melhor e fazem o melhor possível, roçando uma na outra.

Cada número entre 1 e 9 contém influências positivas e negativas como parte de seu potencial. O zero contém as idéias e os conceitos que dão origem a todos os números: o potencial da vida. Os números contêm ainda elementos físicos, emocionais, mentais e espirituais e têm relação com os elementos terra, fogo, ar e água. Os números podem ser ativos, masculinos ou yang (1, 3, 5, 7, 9); ou passivos, femininos ou yin (2, 4, 6, 8). Yin e yang são as polaridades masculina e feminina da vida, que contribuem para que se crie um equilíbrio.

É nesse sentido que se usam os termos "lado direito ou esquerdo do cérebro" em relação à maneira de conduzir a vida. O lado esquerdo corresponde às características masculinas e lógicas, e o direito às características femininas e criativas. Mas todos usamos, em maior ou menor grau, tanto o lado esquerdo quanto o direito. No entanto, em cada um predomina a influência de aspectos femininos ou de aspectos masculinos, como revelam os números do mapa. Obviamente, usamos mais um ou o outro lado em diferentes momentos da vida, e até mesmo em diferentes momentos do dia.

Duas pessoas cuja data de nascimento seja a mesma podem ser completamente diferentes, porque, mesmo com os mesmos números no mapa, espelham qualidades femininas ou masculinas desses números, de maneira positiva ou conflitante, e em momentos diferentes. Até mesmo duas pessoas muito parecidas, como irmãos gêmeos, têm nomes diferentes, o que faz uma enorme diferença para suas possíveis experiências de vida: compartilham a mesma data de nascimento mas exploram seus números de maneira única.

Na numerologia, não se pode afirmar que somos os nossos números, pois se assim fosse os números seriam como tijolos sólidos, o que não é verdade: eles são vasos vazios, cheios de potencial. Eles simplesmente influenciam nossa vida, mas temos o livre-arbítrio e cabe a nós escolher o uso que daremos a essas energias intrincadas. Por exemplo: uma pessoa que nasceu num dia 6 (personalidade 6) pode ser atenciosa (um ponto forte) ou desatenciosa (um desafio a ser vencido) em momentos diferentes — a escolha é dela!

Mas não somos totalmente bons nem maus e cada ser humano tem o mesmo potencial para escolher a conexão ou a separação, o amor ou o medo, a expansão ou a contração — é simples assim. Todos têm um lado sombrio: qualidades que gostaríamos de esconder porque consideramos más — os nossos defeitos. Esse lado é muito importante porque contém aspectos que precisam ser trazidos à luz e curados. A numerologia ilumina esse lado sombrio por meio dos números do mapa, levando-nos a compreender o medo que temos dos aspectos que tentamos descartar. Ela ajuda cada um de nós a amar e a aceitar a si mesmo e a perceber que todos estamos aprendendo uma lição semelhante na vida (com base nos números de 1 a 9). Trabalhar os próprios defeitos impede que a vida se torne aborrecida ou monótona, o que certamente ocorreria se não enfrentássemos desafios, especialmente nos relacionamentos!

Os números, como a energia, fluem, e cada um deles flui para o seguinte, que é como funciona a natureza: cada vida flui para a seguinte, e o lugar para onde vamos e aquilo de que precisamos depende das lições que aprendemos no passado. Nossa vida presente influencia nosso futuro, e quem tira o máximo proveito da vida assumindo a responsabilidade por si mesmo pode pintar um futuro mais brilhante.

HISTÓRIA

Todas as culturas do mundo já usaram — e continuam a usar — alguma forma de numerologia, apesar de darem a seus métodos nomes diferentes: Adivinhação, Geometria, Numerologia Esotérica, Numerologia Pitagórica e tantos outros. Os métodos variam mas a idéia é a mesma: os números nos dão informações sobre a vida.

Acredita-se que os antigos hindus, chineses, tibetanos e egípcios usavam a numerologia, que tinha um papel muito importante em suas culturas. Pitágoras, o matemático grego, também foi um numerólogo por volta de 600 a.C. Ele é bastante mencionado na moderna numerologia por causa da popularidade do método pitagórico, baseado nos números 1 a 9.

OS NÚMEROS SE EXPANDEM

Os números podem ser contados infinitamente. Além do sistema 1 a 9, hoje os numerólogos falam de "números mestres", que são os números 11, 22, 33 e assim por diante até 99. Os números mestres têm qualidades tão intensas que sua influência nos torna conscientes dos dons que podemos usar para "prestar serviço" aos outros. Por exemplo, um 55 no mapa indica um verdadeiro dom para a oratória, línguas ou comunicação, qualidades que podem ser usadas para ajudar os outros. Esses números são duplos porque exigem que suas lições sejam aprendidas rapidamente — a vida nos traz suas qualidades de maneira inequívoca. Mas os números de 1 a 9 são os mais poderosos, pois contêm energias condensadas que influenciam nossa vida. Alguns numerólogos trabalham com um sistema de números de 1 a 81 (9 × 9 = 81), a denominação mais ampla do número 9, mas ainda assim dão mais importância aos dígitos de 1 a 9.

Estamos cercados de números, que modificam o curso das coisas quando seu significado se manifesta. Aproveite o encontro com este livro deixando que ele lhe revele alguns dos segredos mais conhecidos da vida e dos relacionamentos.

Capítulo 2

Numerologia e Relacionamentos

O que são relacionamentos? O que nos ocorre imediatamente são as interações com amigos, colegas de trabalho, namorados ou companheiros de vida, e assim por diante. Mas os relacionamentos são muito mais do que isso, pois nos relacionamos com tudo o que há em nosso ambiente, inclusive nós mesmos! O primeiro relacionamento começa no momento da concepção: é a relação com a mãe, dentro do útero, e fora dele com o pai. Ainda no útero, é provável que o bebê tenha consciência do ambiente da mãe e do mundo externo e que perceba, subconscientemente, a dinâmica do relacionamento dos pais. Depois, nascemos num lugar determinado: talvez num lar cheio de amor e carinho em tempo de paz no Ocidente "livre", ou com a bênção da segurança material... ou do suficiente para sobreviver — sorte nossa. E, como nesse lugar fazia frio ou calor, estabelecemos de imediato um relacionamento com esse clima. E passamos a ter um relacionamento com esse lugar — uma cidadezinha, uma cidade grande, o campo —, que com sua cultura e suas crenças, exerce forte influência sobre nós.

Nos primeiros sete anos de vida (na numerologia o 7 representa completude), tudo no ambiente que nos cerca e todas as pessoas com quem nos relacionamos desempenham um papel muito importante em nossa vida. Afinal, é o condicionamento da infância que forma a base dos padrões de comportamento, que influenciam o resto da nossa vida — são os chamados "anos de formação". A numerologia nos dá consciência desses padrões para que possamos enxergar nossos pontos fortes e nossos conflitos, como por exemplo os bloqueios que criamos ao nos relacionar com os outros. Assim, ela nos ajuda a liberar as lembranças ou os traumas de infância que ficaram ocultos, ajudando-nos assim a realizar nosso potencial.

Estamos ligados ao mundo em que vivemos, mas o relacionamento imediato com amigos, família, namorados, colegas de trabalho e animais de estimação ocupa boa parte da nossa consciência cotidiana. Todos nós temos a mesma necessidade de amor, sexo, alimento, abrigo, calor e trabalho, mas os padrões que tecemos nos relacionamentos são intrincados, maravilhosos e inspiradores. Os relacionamentos nos ensinam mais sobre nós mesmos e sobre a vida. Eles nos ensinam a dar, a receber e a compartilhar com as pessoas à nossa volta. O amor faz o mundo girar e, por meio de seus muitos disfarces e de sua simplicidade, favorece e alimenta nosso crescimento. O amor é amplo e está à disposição de todos e de tudo. Está no ar e nos sustenta — e cada momento da nossa vida tem relação com esse fato.

O ambiente está constantemente se modificando, assim como nossos relacionamentos — neste planeta, a única coisa cem por cento certa é a mudança. Até mesmo as células estão constantemente mudando e se reorganizando... a vida está sempre em movimento. Assim, a adaptação ao ambiente em constante mudança, que se expressa através de nossos relacionamentos, nos permite aproveitar a vida ao máximo. A numerologia revela quem somos e como nos relacionamos no contexto da incerteza desses relacionamentos. Por um lado, pode parecer que o ideal é estar certo de que a pessoa amada vai estar sempre lá quando a quisermos, de que o marido ou mulher vai ser sempre fiel. Mas a incerteza acrescenta o tempero da excitação, pois nunca sabemos o que vamos encontrar ao virar a esquina, motivando-nos a investir mais nos relacionamentos e a sermos gratos pelo que temos agora. A confiança é um dos aspectos mais importantes dos relacionamentos.

COMPETIÇÃO

Desde o momento em que nascemos, competimos por alguma coisa: amor, comida, atenção, reconhecimento, aceitação, mais e melhor.... mais, mais e mais. Você foi, talvez, mais inteligente do que seus irmãos, aprendia mais depressa, era o primeiro da classe, corria mais depressa... Algumas religiões acreditam que é uma sorte nascer no planeta Terra, pois só um sétimo das almas encarnam — ou são concebidas. Na verdade, até o esperma compete para atingir e fertilizar o óvulo. Imagine só a sincronia exigida para estarmos aqui... a competição foi tremenda! Assim, aproveite ao máximo seu tempo... viva o momento, aproveite cada minuto, viva uma vida plena, ame e aprenda. Novas oportunidades existem para todos, mas é a cada um que cabe aproveitá-las.

A lembrança da competição, inata e inconsciente, faz parte de todos os relacionamentos. Por exemplo: talvez você queira ganhar mais dinheiro do que seu namorado (se tiver 8 no mapa) para ter mais poder do que ele. Ou comprar roupas da moda (talvez tenha um 6 no mapa) para ficar mais atraente e monopolizar os olhares do namorado. Ou, mesmo a contragosto, malhe compulsivamente (número 1) para manter o corpo em forma e competir com sua melhor amiga... "Mas não sou nem um pouco competitivo", dirão alguns de vocês. Mas se for honesto consigo mesmo, verá que competiu sim, pelo menos uma vez, mesmo que de maneira sutil. Por isso, é um alívio saber que todos competimos e que competir faz parte da vida cotidiana. De todos os números ou ciclos, de 1 a 9, o número 8 é o que traz as formas mais fortes de competição, e quem tem esse número no mapa costuma ter total consciência de sua presença.

Na vida adulta passamos a perceber conscientemente quando é o momento de competir — e começamos a ver a competição de maneira diferente. Ou seja, você e eu podemos competir, mas podemos também nos unir e trabalhar pelo mesmo resultado. Por exemplo: duas pessoas querem ser eleitas para um determinado cargo público porque têm como meta melhorar as condições da comunidade — mesmo que por caminhos diferentes. Mas, na competição para ganhar o eleitorado, uma tem consciência de que a outra também tem boas idéias, e que, ganhe quem ganhar, o trabalho será pelo bem da comunidade.

Às vezes a competição é boa porque nos estimula. Por exemplo: quando duas pessoas competem para ganhar uma corrida, uma inspira a outra a correr mais depressa, o que leva os outros participantes a se esforçarem mais. Mas competição usada como um instrumento de retaliação e raiva não beneficia ninguém, é exaustiva e costuma provocar reações não desejadas. Por outro lado, quando compreendemos a meta, a competição passa a ser usada de maneira construtiva e nos estimula a melhorar.

Na verdade, até mesmo neste mundo de competição, dá para perceber que, na vida, o mais fundamental e necessário é a cooperação. Em certos níveis é possível competir sem cooperar, mas isso não leva a relacionamentos harmoniosos. Por exemplo: se não há cooperação entre você e seu namorado, é possível que nem consigam marcar um encontro. Se você tem paixão por filmes e ele gosta de agitar com outras pessoas, vocês quase não se veriam se não houvesse compromisso ou cooperação. O número 2, no ciclo de 1 a 9, reflete com muita força a energia da cooperação, e quem tem esse número no mapa está aprendendo a gerenciar essa qualidade.

SEJA VOCÊ MESMO

Mesmo inconscientemente, estamos sempre competindo com os outros. Mas o melhor a fazer é ser você mesmo: não tente ser ou fazer alguma coisa porque a sociedade prefere ou porque assim ganhará mais créditos, não procure se vestir de acordo com o gosto do namorado ou dos amigos... seja você mesmo! Isso significa buscar a própria verdade, cometer os próprios erros, assumir a responsabilidade por si mesmo, viver, aprender e avançar.

Nós aprendemos a nos conhecer à medida que desempenhamos nosso papel na vida e nos relacionamos com as situações e com as outras pessoas. Com todos aqueles com quem nos encontramos ou falamos compartilhamos um relacionamento — que por sua vez favorece o desenvolvimento de ambas as partes. É claro que existe escolha e de vez em quando é preciso repetir a mesma lição várias vezes até compreendê-la — essa é a vida. Por exemplo: se o patrão lhe diz com delicadeza que não vai mais tolerar seu mau humor e seu temperamento nas segundas-feiras de manhã e você ignora essa advertência, é provável que acabe sem emprego. Quando somos nós mesmos, o ambiente nos ensina o que precisamos aprender. Todos aprendemos por meio da experiência: por meio dela, cada um se aprofunda ainda mais em si mesmo e na vida.

Quem está seguro e à vontade consigo mesmo fica muito mais atraente e sexy e irradia o brilho da integridade, pois está em unidade consigo mesmo. As pessoas percebem e sentem a atração desse brilho — o que lhes dá a inspiração para serem elas mesmas e para se sentirem mais à vontade também. Todas as pessoas famosas são bemsucedidas nas áreas da ciência, medicina, literatura, música, arte, religião ou política porque aprenderam a ser elas mesmas. Por exemplo: Gandhi (político), Madre Teresa e princesa Diana (humanitárias) e atualmente Bill Gates (indústria), Stephen Spielberg (artes), Richard Branson (empresário) e cantores como Boy George e Elton John (por sua música e individualidade). A lista é interminável. Essas pessoas têm, sem dúvida, consciência de seus defeitos e dos desafios que devem enfrentar, mas aproveitam ao máximo seu potencial. Elas são espelhos da sociedade e nos ensinam mais sobre o mundo em que vivemos. A numerologia reflete nosso potencial, revelando assim como cada um pode tirar o máximo proveito de si mesmo para ser mais feliz — na relação com o mundo e com as outras pessoas.

ESPELHOS

"Conhece-te a ti mesmo, cura-te a ti mesmo e curarás os outros." Ao se curar você ajuda a curar os outros porque cada um é parte do todo. Todos os relacionamentos têm o poder de curar ou construir, num nível ou no outro. Eles favorecem a cura daquelas partes que precisam ser trazidas à totalidade, para que possamos realizar nosso potencial e atingir nosso máximo. É provável que você já tenha dito: "Eu me sinto mais forte depois daquele relacionamento e apesar da tristeza... de ter sido tão traumatizante na época... ele me ajudou a crescer." Mas o que determina qual é a situação que precisamos viver para crescer? Tudo isso está nos números. Observando os números da data de nascimento e do nome, podemos tomar consciência dos tipos de experiência que temos mais probabilidade de atrair.

Os iguais se atraem. Se você tem o número 3 no mapa — o que significa que ama a própria liberdade — é possível que atraia alguém que também esteja às voltas com questões relativas à liberdade. Por exemplo: essa pessoa pode tentar amarrá-lo num relacionamento, ou é você que tenta amarrá-la — mas ela acaba indo embora ou passa a exigir mais liberdade. Isso fica mais evidente quando há 3 ou 5 nos mapas. Como os números são partículas de energia em movimento, é comum atrairmos pessoas sempre com a mesma energia ou com os mesmos números (números que fazem parte do nosso mapa ou estão ausentes dele, o que nos leva a procurá-los nos outros). Assim, temos a oportunidade de ver, como num espelho, as lições que precisamos aprender, e também de mostrar a essas pessoas as qualidades que elas precisam aprender.

O reflexo também ocorre instantaneamente nas situações de nosso relacionamento com a vida. Por exemplo: quando estamos em excelente estado de espírito e cantamos com os pássaros ao amanhecer, nosso dia é bom e atraímos pessoas positivas — e mesmo que isso não aconteça, continuamos abençoadamente felizes. Em outros dias, quando estamos de mau humor ou cheios de pensamentos negativos, tudo cai em cima de nós e o dia se transforma "num dia daqueles". Esse espelhamento é como o carma (recebemos aquilo que damos): quanto mais positivos os aspectos dos nossos números, mais positivos serão os resultados nos nossos relacionamentos.

Às vezes sentimos que, num determinado relacionamento, damos mais do que recebemos. Mas depois descobrimos que uma outra pessoa nos dá muito e que aparentemente não lhe damos tanto assim. Dessa forma, os relacionamentos se equilibram no final: quem dá de si sempre recebe. Através de pensamentos, crenças, atitudes e ações, criamos o futuro exatamente agora. Assim, contribuímos a cada momento para as situações que vamos viver na vida.

Todas as pessoas e todas as coisas que fazem parte da nossa vida existem por algum motivo: refletem algo que precisamos saber e compreender. As crianças são espelhos maravilhosos porque são abertas e naturais, dizem o que sentem e pouco discriminam. Elas têm alguns números que vêm dos mapas do pai e da mãe, o que estabelece áreas de compatibilidade e de choque entre pais e filhos. Os filhos nos dão a oportunidade de ver partes de nós mesmos refletidas bem diante de nossos olhos: qualidades do mapa numerológico e da vida, que estamos aprendendo a aceitar, amar e transformar.

Em todos os relacionamentos há ciclos naturais de expansão e contração — momentos que correm bem e tempos difíceis, que parecem durar eternamente e que só com muito esforço são superados. Nós nos relacionamos para que possamos aprender uns com os outros por meio dos reflexos. As pessoas se juntam ou se separam quando reconhecem os reflexos ou quando concluem o que podem aprender umas com as outras. Ou seja: nós nos vemos no espelho, detemo-nos um momento para poli-lo e compreender melhor alguma qualidade ou lição e depois partimos para outra. Por isso, em certos relacionamentos, as pessoas se separam de repente; em outros, percebem o ponto em que estão e preferem partir para outra — amigavelmente ou não; em outros, ainda, a separação se arrasta ao longo dos anos, caso no qual as pessoas continuam a aprender uma com a outra.

Há quem fique em nossa vida apenas alguns dias ou semanas, mas há relacionamentos que duram a vida inteira — em que espelhamos e aprendemos muito. Há pessoas que têm um papel muito forte em nossa vida, o que pode indicar um relacionamento "cármico": temos com essas pessoas muitos vínculos do passado (de vidas passadas). É por isso que às vezes pensamos: "Já conheço essa pessoa." Quando sentimos que compreendemos alguém, geralmente é porque essa pessoa tem qualidades e atributos semelhantes aos nossos — e nós os reconhecemos.

Na vida, podemos aprender as mesmas lições de muitas pessoas diferentes. Por exemplo: se você precisa aprender a ser independente (uma das qualidades do número 1), seus pais, seus amigos, seu namorado e seus colegas vão lhe ensinar essa mesma lição, cada um à sua maneira, estimulando-o, por exemplo, a fazer as coisas por si mesmo. Se criar um filho sozinho, ele também lhe dará lições de independência.

EM QUE NÍVEIS VOCÊ SE RELACIONA?

A numerologia nos permite descobrir em que níveis — físico, emocional, mental ou espiritual — nós nos relacionamos com as pessoas à nossa volta. Por exemplo: quem tem um número espiritual no mapa — o 7, por exemplo — trabalha e vive no mundo físico, mas tem muitas lições a aprender sobre espiritualidade. Observe seu mapa e compare-o com os números abaixo.

FÍSICO: 4, 5
relação com as coisas no nível físico
EMOCIONAL: 2, 3, 6
relação com as emoções e a sensibilidade
MENTAL: 1, 8
relação com o intelecto, com a mente
ESPIRITUAL: 7, 9
relação com a conexão espiritual em si mesmo e nos outros

Números que aparecem mais de uma vez no mapa numerológico — números recorrentes — ou números que faltam no mapa indicam níveis e qualidades que precisam ser desenvolvidos, ou que são fortemente usados e aplicados.

Para ilustrar melhor esse ponto, vamos ver em que níveis John e Laura se relacionam com as pessoas que lhes são próximas, com base nos números de seus nomes e datas do nascimento. John mora em Sydney e é casado com Laura. Eles se relacionam fisicamente e gostam de morar juntos e de fazer sexo. Relacionam-se emocionalmente, apoiando um ao outro, e compartilham uma profunda conexão espiritual. No entanto, eles não se relacionam mentalmente. John se relaciona mentalmente com seu melhor amigo, Peter, pois estudaram as mesmas matérias na universidade e gostam de discutir os mesmos assuntos.

Com sua mãe, Mary, Laura se relaciona mentalmente (elas pensam da mesma forma) e emocionalmente (elas compartilham seus problemas) mas a relação espiritual é com o pai, Simon (eles são totalmente ligados e compartilham a mesma visão espiritual da vida).

É raro duas pessoas se relacionarem em todos os níveis ou preencherem todos os níveis de uma relação. Mesmo que isso aconteça, é provável que seja por pouco tempo, e é por isso que precisamos de pessoas diferentes. Todos nós refletimos muitas qualidades uns para os outros, mas as lições são simples, baseadas nos números 1 a 9. É deles que este livro trata.

RITMO

O ritmo é tudo na vida — melhor dizendo, tudo tem o próprio ritmo, inclusive os relacionamentos. O ritmo é tão importante no início de um relacionamento, quando estamos tentando nos aproximar de alguém, quanto num relacionamento de muito tempo. No entanto, a despeito de nossos planos — "Vamos nos encontrar às 6 horas na sexta-feira" —, o inesperado pode interferir. O trem atrasa, você tem de ir ao dentista, aparece uma reunião de última hora, você fica gripado... e assim vai. O ritmo exige flexibilidade e a certeza de que o encontro que não deu certo naquela noite vai acontecer em outra ocasião. Nossos melhores planos podem ir por água abaixo por obra do inesperado. Dizem que 80 por cento do universo é inexplorado e desconhecido, o que significa que 80 por cento é acaso — e a probabilidade de as coisas caminharem como queremos é só de 20 por cento! Assim, em qualquer relacionamento, o essencial é aproveitar o momento e fazer com que a simples proximidade seja um luxo!

Neste exato momento você pode estar vivendo uma relação idílica com o melhor dos parceiros, pode estar em estado de graça por ter tido o primeiro filho ou estar nas nuvens por ter conquistado a confiança e o apoio do patrão. Isso é agora, mas o tempo passa, nada permanece e as situações perfeitas podem se modificar para sempre. Mas os números do mapa favorecem nosso autoconhecimento, ajudando-nos a aproveitar os relacionamentos ao máximo neste momento.

Às vezes, na vida, parece que damos um passo para a frente e dois para trás. Mas nunca voltamos ao ponto inicial — evoluímos com a experiência, aprendendo o que as pessoas nos ensinam e nos devolvem em forma de reflexo. O ritmo exige paciência e a certeza de que o ponto em que estamos no relacionamento é o ponto em que devemos estar. Quem pede ao patrão para ser promovido, força a barra para marcar a data do casamento e vive fazendo exigências, deve saber que quando forçamos as situações elas raramente funcionam da maneira esperada, pois a natureza e o ritmo são contrariados. E quando conseguimos o que precisamos, isso nem sempre coincide com o que queremos.

Esta é a história de Melissa (cujo nome dá 6) e James (cujo nome dá 5), que se conheceram na faculdade. Eles saíram juntos algumas vezes, mas Melissa não estava preparada para ter uma relação sexual e James estava mais interessado em sexo do que numa amizade, de maneira que logo se separaram. Melissa estava no primeiro ano da faculdade e, prezando sua independência, não se aborreceu por ficar sem namorado, pois estava bem consigo mesma e explorando sua individualidade (número 1). James estava no terceiro ano, ávido por um pouco de diversão (número 3) e sexo. Melissa e James acabaram se casando com outras pessoas, mas quinze anos depois a sincronia juntou-os novamente. Divorciados, eles retomaram o relacionamento em níveis diferentes — emocional e sexualmente — e, percebendo o que tinham perdido, logo se casaram. Tudo se encaixou. Os dois tipos de relacionamento que tiveram estavam certos — cada um na sua época.

Mas nem sempre é assim. Por exemplo: já lhe aconteceu de ter um relacionamento muito íntimo com alguém e anos depois se perguntar: "O que foi que eu vi nele? Como pude fazer sexo e até me casar com tal pessoa?" Pois seja o que for que viu, não mudou, mas as qualidades que essa pessoa espelhava foram reconhecidas e integradas, o que fez com que ela perdesse a atração que exercia sobre você. Mas nada impede que se juntem em outro nível: num relacionamento platônico se antes era sexual, ou num relacionamento sexual se antes era platônico. Ou talvez venham a trabalhar juntos em vez de namorar.

Como se vê, o ritmo é tudo. A partir do mapa numerológico e do Número do Ano Pessoal (esse número muda a cada ano), podemos descobrir quando estaremos mais propensos à agitação, a um rompimento, a um compromisso e assim por diante.

CICLOS

O dia em que conheceu seu parceiro é o primeiro dia da primeira semana do primeiro mês do primeiro ano do relacionamento, sendo que o 1 influencia o recomeço e as oportunidades. Isso se aplica a qualquer tipo de relacionamento, íntimo ou não. Ao traçar a influência de cada dia, semana ou ano de convivência, é interessante observar o tempo que a pessoa permanece na sua vida. Conhecer esses ciclos numerológicos ajuda a aproveitar ao máximo essa convivência.

Já ouviu falar da "crise dos sete anos"? Na natureza, o 7 gosta de dar frutos, mas uma árvore só pode dar frutos se suas raízes estiverem bem plantadas no chão, se for regada regularmente, se receber calor do sol, se for tratada com consideração. Os relacionamentos também são assim e, na numerologia, o 7 marca o momento em que a árvore consegue ou não dar frutos. O sétimo dia, a sétima semana, o sétimo ano do relacionamento — são os momentos do que é completo, e o que acontece então é o resultado direto da energia que você investiu nos dias, semanas ou anos anteriores.

O oitavo ciclo é o momento da reavaliação, do inventário dos sete ciclos anteriores, o nono é o momento dos reajustes e de resolver o que vale a pena levar para o próximo ciclo de nove anos do relacionamento.

FUSÃO

Não importa quem somos, o que fazemos ou quais são nossas decisões (a escolha que fazemos é sempre a melhor possível): participamos do mundo porque, de uma maneira ou de outra, estamos sempre em relação com ele por meio de nossos relacionamentos e ao permitir que os outros aprendam em sua relação conosco. Não somos nem bons nem ruins mas, como todo o mundo, estamos aprendendo as lições necessárias (com base nos números do mapa) a partir das experiências que vivemos neste rico planeta Terra.

Capítulo 3

Aproveite ao Máximo o Guia do Amor

Este livro pode ser seu companheiro na jornada da vida. Como os números estão em toda parte, a compreensão — mesmo que pequena — das qualidades e dos potenciais dos números ou ciclos de 1 a 9 vai ajudá-lo em seu caminho. As informações deste livro vão lhe abrir os olhos para uma nova maneira de olhar para si mesmo e para os seus relacionamentos, levando-o a ver todas as pessoas — o balconista da esquina, os amigos, as pessoas da família, o namorado, os colegas — como espelhos maravilhosos que lhe ensinam mais sobre você mesmo e sobre a vida.

COMEÇAR NO INÍCIO

Os números são energias que nos influenciam, mas não somos nossos números. Como cada número flui para o seguinte, sofremos a influência de vários números. Por exemplo: quem nasceu num dia 17 (17 dá 8) sofre as influências do 16 (= 7) e do 18 (= 9), os números vizinhos ao do dia em que nasceu. Mas o dia do nascimento será sempre a influência mais forte. Se você tiver no mapa um número com dois dígitos, analise-os individualmente, embora o dígito simples, dentro do ciclo de 1 a 9, que corresponde à soma final, seja a influência mais forte. Assim, se você nasceu num dia 17, como no exemplo acima, esse dígito simples é o 8. Mas leia também sobre os números 1 e 7 (17), pois eles também o influenciam.

Ao estudar os números do mapa, você talvez reconheça algumas de suas qualidades, mas não todas, pois cada número corresponde a atributos *potenciais*, e talvez você não precise experimentar todos esses aspectos nesta vida.

Ao começar a lidar com a numerologia, você vai levar algum tempo para perceber o quadro geral, pois há muitos números diferentes no mapa. Mas depois de algum tempo você vai começar a ter uma visão mais geral e, com a prática, vai parar de pensar demais no processo, deixando que ele simplesmente aconteça.

PRIMEIRO PASSO

Para traçar seu mapa, leia o Capítulo 4: Faça Seu Mapa Numerológico. Ele ensina a calcular os Números da Personalidade e do Caminho da Vida a partir da data de nascimento, o Número do Carma ou da Sabedoria a partir do sobrenome e o Número da Meta a partir do primeiro nome. Você vai aprender também a calcular o número da influência anual ou Número do Ano Pessoal (que muda a cada aniversário).

SEGUNDO PASSO

No Capítulo 5, O Guia do Amor, você vai ler sobre os números 1 a 9 e sobre os relacionamentos com os amigos, os namorados, a família e os colegas de trabalho e também sobre as qualidades que influenciam sua vida sexual. Esse capítulo trata de seu potencial, de seus pontos fortes e dos desafios que precisa enfrentar.

TERCEIRO PASSO

Leia em seguida o Capítulo 6, Calcule os Números da Comparação, que vai lhe mostrar como comparar os diferentes aspectos do seu mapa com os de outros mapas.

QUARTO PASSO

No Capítulo 7, Compare seus Mapas, você vai saber quais são as lições que você e seus amigos, seu namorado ou companheiro, seus parentes e seus colegas (na verdade qualquer pessoa da sua vida) estão aprendendo ao se relacionar.

QUINTO PASSO

O Capítulo 8 apresenta três casos reais (com nomes fictícios) para lhe servir de referência.

FINALMENTE

Os números vão levá-lo a penetrar profundamente no subconsciente e, mesmo depois de você ter lido este livro para ter uma idéia de suas qualidades, a intuição e a mente continuarão a desempenhar um papel muito importante na revelação dessas pequenas jóias. Nem poderia ser diferente, pois cada número contém infinitas qualidades, que não caberiam num livro... Relaxe, divirta-se, aprenda e aproveite a viagem.

Capítulo 4

Faça seu Mapa Numerológico

Como tudo na vida, fazer o mapa é muito simples quando se sabe como fazê-lo. Lembre-se de que todos os números do mapa exercem influência sobre você, mas que o dígito simples — entre 1 e 9 — é sempre o mais forte.

A DATA DE NASCIMENTO E O NOME

A partir da data de nascimento podemos calcular o Número da Personalidade, o Número do Caminho da Vida/Objetivo de Vida e o Número do Ano Pessoal. E a partir do nome e do sobrenome, que constam na certidão de nascimento, podemos calcular o Número do Carma ou da Sabedoria e o Número da Meta. Todos os números do mapa são importantes e todos interagem entre si, mas os Números da Personalidade e do Caminho da Vida desempenham os papéis mais significativos da vida. Esses números agem entre si como catalisadores, ajudando-nos a compreender nosso potencial e esclarecendo algumas lições-chave da vida. A maneira de esses números reagirem um ao outro no mapa de cada um é influenciada pelo Número do Carma e pelo Número da Meta Principal, e até mesmo pelo Número do Ano Pessoal.

NÚMERO DA PERSONALIDADE

Esse número vem do dia do mês em que você nasceu. Por exemplo: se você nasceu no dia 4, o número que influencia sua personalidade é o 4. Se você nasceu em qualquer número com dois algarismos, de 10 a 31, some os dois para formar um único dígito entre 1 e 9. Por exemplo: se você nasceu no dia 25, 25 = 7 e portanto é o 7 que influencia sua personalidade. Mas não deixe de ler sobre o 2 e o 5, que também são importantes, pois representam influências secundárias. O seu Número da Personalidade vai lhe mostrar o potencial, os pontos fortes e as dificuldades que você tem em relação aos padrões de comportamento. Ele é atribuído ao que você quer na vida para si mesmo.

NÚMERO DO OBJETIVO DE VIDA/CAMINHO DA VIDA

Para descobrir o Número do Objetivo de Vida basta somar todos os números da data do nascimento, lembrando-se de manter o dia e o mês em que nasceu na forma original. Por exemplo: se você nasceu em 31/12/1978, some 31 e 12 (que dá 43) ao ano em que nasceu. Neste caso, 1978 dá 25. Então, some 43 e 25, que dá 68, e reduza esse número até chegar a um dígito simples: 68 dá 14 que, somado, dá 5. Assim, 5 é o Número do Objetivo de Vida, com influências do 68 e do 14. Leia também sobre os números 6, 8, 1 e 4 para conhecer essas influências, sem esquecer que o 5 é sempre o mais forte. O Número do Objetivo de Vida vai mostrar seu potencial, seus pontos fortes e suas dificuldades em relação à forma de "lidar" com os outros. Ele também se refere ao que "é necessário" que você faça, e não apenas ao que você quer ou precisa fazer. Reflete qualidades da alma, influenciando profundamente a sua vida.

ANO PESSOAL

Para descobrir qual o número que está influenciando o presente ano (de aniversário a aniversário), simplesmente siga este exemplo. Some o dia e o mês de seu nascimento. Por exemplo: se você nasceu no dia

3 de janeiro, some 3 + 1 = 4. Depois, some o ano do último aniversário: se o último aniversário foi em 1999, some esse número: 1999 = 28, que é igual a 10, que é igual a 1. Para conseguir a vibração do Ano Pessoal de 3 de janeiro de 1999 a 3 de janeiro de 2000, some 4 (dia e mês) a 1 (ano do último aniversário) que dá 5. Assim, 5 é a vibração de seu atual Ano Pessoal. Esse número, com seu potencial, suas qualidades, seus pontos fortes e seus desafios, exerce influência por um ano. Se o Número do Ano Pessoal já consta do mapa (especialmente como Número da Personalidade ou do Caminho da Vida), as experiências a serem aprendidas serão mais intensas nesse ano: seus aspectos positivos ou desafiadores serão acentuados, dependendo de sua reação. Por exemplo: se o seu Número do Caminho da Vida é o 5 e você está sendo influenciado por um 5, como vibração do Ano Pessoal, então uma de suas qualidades — a mudança — pode ser intensificada nesse ano, fazendo-o passar por grandes mudanças. Essas mudanças podem ser físicas, mentais ou espirituais, e podem ocorrer em uma ou em todas as áreas da vida.

Durante cada ano pessoal, são enfatizados os seguintes pontos:

Ano 1   nova direção, oportunidade
Ano 2   tomada de decisão, equilíbrio
Ano 3   avanço e expansão
Ano 4   segurança, sobrevivência
Ano 5   mudanças gerais
Ano 6   relacionamentos
Ano 7   completude
Ano 8   carma, descoberta de pontos fortes
Ano 9   aceitação

Mas, como fazemos parte do todo da humanidade, o Ano Universal, o ano em que estamos, tem também um papel importante em nossas experiências. Por exemplo: 1999 dá 28 = 10 = 1. Universalmente, há uma influência de nova direção neste ano.

NÚMERO DO CARMA OU DA SABEDORIA

Para calcular esse número, traduza em números todas as letras do seu nome e sobrenome que constam na certidão de nascimento e depois some-os até chegar a um único dígito. Primeiro, escreva seu nome e traduza-o conforme o quadro abaixo.

1	A	J	S
2	B	K	T
3	C	L	U
4	D	M	V
5	E	N	W
6	F	O	X
7	G	P	Y
8	H	Q	Z
9	I	R	

Exemplo: Sarah   Jane   Delanie
           11918   1155   4531595 = 64 / 10 = 1
           = 20 / 2   = 12 / 3   = 32 / 5

No exemplo acima, o Número do Carma ou da Sabedoria de Sarah Jane é o 1. Esse número indica o carma adquirido nesta vida ou em vidas passadas. Revela também o potencial, os pontos fortes e os desafios a serem superados (as qualidades que já foram usadas em vidas anteriores são muito fortes). Por exemplo: tendo 1 como Número do Carma, Sarah Jane pode ter sido uma pessoa inteligente e instruída no passado — e agora usa esse ponto forte para ajudar os outros. Às vezes ela usa sua sabedoria acumulada para magoar, o que para ela é um desafio a ser enfrentado nesta vida.

Quando nascemos, são geralmente nossos pais que escolhem, de maneira subconsciente, os nomes que vão nos ajudar durante a vida, de maneira que cada um de nós tenha o melhor potencial para aprender as lições e para atingir as metas desta vida. Quem é adotado ou não tem certidão de nascimento deve aplicar a numerologia ao primeiro nome que teve para descobrir o Número do Carma. Por exemplo: se antes da adoção você era chamada de Maria Joana da Silva, aplique a numerologia a esses nomes.

Traduzido em números, o sobrenome exerce a influência numerológica mais forte sobre a vida e, portanto, sobre os relacionamentos. Mesmo que o sobrenome mude, por causa do casamento ou por qualquer outra razão, a sua influência original permanece a mesma. No entanto, o sobrenome de casada traz qualidades e aspectos que geralmente já existiam no mapa, enfatizando qualidades que a pessoa recém-casada precisa aprender. Quem muda de sobrenome ao se casar, leva para o casamento as qualidades presentes no novo sobrenome e em todo o mapa numerológico.

META PRINCIPAL

Esse número vem do primeiro nome. No exemplo acima, Sarah dá 21, ou 3. Isso significa que uma das metas de Sarah é aprender a se expressar e que ela tem a vida inteira para trabalhar nisso. O 2 e o 1 do 21 também influenciam sua meta, mas o 3 exerce a influência mais forte. Nosso primeiro nome é importante porque é como todos nos chamam — é nossa marca pessoal — e portanto sua vibração tem uma enorme influência em nossa vida.

Os apelidos também exercem sua influência, mas sem esquecer que as pessoas que nos chamam pelo apelido estão projetando em nós as qualidades que gostariam que tivéssemos. Há também quem crie o próprio nome abreviado, mostrando uma forte identificação com determinados aspectos de si mesmo. Por exemplo: Susan gosta de ser chamada de Susan no trabalho, de Sue em casa e de Suzie pelo namorado, para refletir como se identifica com as diferentes pessoas ou como se adapta às diferentes situações da vida. Mas a influência de seu primeiro nome completo, Susan, está sempre presente.

RAPIDINHO

Você vai sair com um namorado novo, acabou de conhecer alguém com quem vai ter que conviver ou está com vontade de saber mais sobre uma certa pessoa. Neste caso, descubra seu "Número Rapidinho".

Para isto, basta somar a primeira letra do nome com a do sobrenome. Por exemplo: Jane Wright = J + W = 1 + 5, que é igual a 6. Se o nome tiver um prefixo, como O'Donnel ou McCartney, some a primeira letra do prefixo à equação. Por exemplo: Jane O'Donnell = J + O + D = 11 = 2. Esse número revela o que a pessoa projeta para o mundo e algumas das qualidades que está trabalhando nesta vida. Assim, Jane Wright é um 6 e a Parte 2 deste livro — O Guia do Amor — traz tudo sobre o Número 6. Por exemplo: ela aprecia a beleza, é carinhosa e generosa, gosta de moda, música e boa comida, mas é também idealista e perfeccionista.

NUMEROLOGIA

Podemos somar ou subtrair os números como quisermos, pois não há um método que seja o certo. Por exemplo: podemos somar todas as vogais do nome e depois todas as consoantes para descobrir outras influências. Podemos somar cada um dos nossos nomes para aprofundar o que sabemos sobre eles. Podemos sentir o ritmo de cada nome e descobrir o número a que corresponde a vibração de cada um. Por Exemplo: So-phi-a tem ritmo 3 e John tem ritmo 1. Tomando a data do nascimento, podemos somar separadamente o mês ou o ano, para descobrir as influências desses números. Os números falam e, trabalhando com a numerologia, você vai desenvolver a própria maneira de compreender seu relacionamento com o mundo em que vive. Depois de calcular seus números, leia as seções que lhe interessam na Parte 2, para descobrir as qualidades dos relacionamentos com base nos números que correspondem aos diferentes aspectos do seu mapa. Divirta-se.

CAPÍTULO 5

O Guia do Amor de 1 a 9

número 1

AMOR

Zero é o número que contém todo o potencial, mas na vida o número 1 é o início e o fim do universo porque tudo sempre volta ao 1, ou ao início. Assim, se você compreende o que está sendo dito aqui, você pode ver que quem sofre a influência do número 1 na vida amorosa tende a se achar o "Número 1", ou o centro do universo. Se for esse seu caso, você tem a tendência a querer que a vida gire em torno de você e, embora possa ser um dínamo humano (em todos os sentidos da palavra), pode ser também extremamente autocentrado. Imagine a vida sem o número 1, imagine a vida sem você (que desastre isso seria para a humanidade!). Você é distante, vive fechado em seu próprio mundo e se sente muito especial e superior, com seus apaixonados à espera, tentando conseguir uma migalha de seu precioso tempo e de sua preciosa energia. Quem consegue penetrar sua *persona* distante pode conquistar seu coração ou ajudá-lo a encontrar um propósito na vida.

Você pode ser muito atencioso e generoso, além de ter disposição para conseguir o que quer na vida: ao encontrar o homem ou a mulher de seus sonhos, nada o detém. Em geral não existe "não" para quem tem a influência desse número. E se você encontrar alguma resistência, vai se sentir desafiado a romper essa barreira, fazendo com que seu possível parceiro sucumba a seus charmes. Você pode até ser impetuoso demais e acabar fazendo inimigos ao entrar à força nos relacionamentos e na vida de quem ama. É provável que nem perceba que sua determinação para atingir as metas esbarra em outras pessoas.

Talvez seja tão autocentrado que não perceba mais ninguém na equação ou talvez simplesmente nem se importe. É claro que sob a influência do 1, às vezes você pode ser reservado e tímido, chegando a ter dificuldade para ir atrás do que quer, mas geralmente esses momentos são raros.

Ao ver a pessoa perfeita bem diante de seus olhos, você vai dar tratos à bola para descobrir exatamente como ir de A a B (o que para você significa sair com esse possível amante, levá-lo para a cama ou simplesmente fazê-lo falar com você!). Nessa situação, o elemento de pioneirismo que há dentro de você vem à tona. Mas você pode se perguntar como ir de A a B mesmo se já estiver envolvido num ótimo relacionamento sexual. Às vezes, a falta de auto-estima o leva, numa festa por exemplo, a passar um tempão deliberando e juntando coragem para se aproximar de um possível namorado. Pode até exagerar e perder a oportunidade: quando finalmente acha a solução perfeita, ele já caiu nos braços de outra pessoa ou já desapareceu na noite. Em outras ocasiões, fica num canto e se distancia ainda mais, esperando que essa pessoa especial se aproxime de você.

Mas, com a energia e a vitalidade do número 1 influenciando sua vida, você é capaz de conquistar muitos amantes ao longo de sua jornada. Eles são atraídos por sua força e caem em seus braços, encantados, quando você focaliza neles toda sua energia dinâmica. Você gosta de atenção, gosta que a pessoa amada lhe diga que foi ótimo na cama na noite anterior ou que é muito inteligente. A inteligência é importante para o número 1, e a experiência mental pode às vezes ser mais estimulante e mais bem-vinda do que a física! A conversa na cama adquire um novo significado, uma nova dimensão. Em vez de sussurrar bobagenzinhas você prefere ler para seu amante as memórias de líderes políticos ou pedir que ele lhe leia um livro, antes de caírem num sono gostoso ou antes de desaparecerem juntos embaixo dos lençóis.

Você gosta de se sentir único, e para conquistar seu coração (ou sua mente) seu namorado deve lhe dar crédito por tudo (até por respirar) e fazê-lo sentir-se especial. Melhor ainda é colocá-lo num pedestal e idolatrá-lo, às vezes a ponto de você se tornar uma espécie tão rara que passa a prescindir dos outros (na sua cabeça), afastando-se ainda mais num isolamento esplêndido e glamourizado. Você pode estar à procura de uma beleza rara ou de um ícone na própria área: o amante intocável que lhe permite manter a independência e o distanciamento, sem que precise se expor demais. Uma pessoa assim é muito atraente para você, particularmente se não estiver interessada em seus sentimentos mais íntimos, por ser tão indiferente e estar em tão alto pedestal.

Como uma de suas lições, o número 1 faz com que você se envolva profundamente nos relacionamentos para que aprenda a se apegar — e existe melhor maneira de fazer isso do que com alguém compreensivo e atencioso? Com tal pessoa, você vai se tornar íntimo de si mesmo e revelar seus mais profundos sentimentos (os bons e os que você gostaria de não ter). É claro que isso não acontece da noite para o dia, mas dar um salto para o desconhecido (com a ajuda de seu espírito pioneiro) já é um bom começo. Quando estiver mais à vontade, vai acabar gostando da intimidade e talvez seja o primeiro a contar tudo para o amor(es!) da sua vida.

O número 1 no mapa indica que você nasceu para liderar, embora isso não signifique que você sempre aprecie essa situação. Por exemplo: às vezes você toma a iniciativa no amor só para agradar o parceiro, e não porque tenha vontade, embora o faça muito bem. Talvez você dê o primeiro passo num relacionamento porque seu possível namorado não tem a autoconfiança necessária para tomar a iniciativa. Você está empenhado em descobrir a própria direção na vida e em pilotar o próprio navio, já que é você quem estabelece a rota. Quando aparece um amante no horizonte, ou a bordo, você talvez navegue por dois, mas talvez às vezes você gostasse que ele assumisse a liderança. Talvez o homem ou a mulher de sua vida seja enérgico e goste de dirigi-lo, o que pode ser estimulante, pelo menos no calor da hora ou quando você aparentemente perdeu o senso de propósito ou direção. É possível que esteja à procura de uma figura de pai que lhe mostre o caminho (ou que o desencaminhe), enquanto você fica dependente como uma criança de suas palavras. Às vezes você descobre que foi levado para um desvio, mas isso também é uma lição de vida.

A influência do 1 lhe dá consciência do objetivo de vida, o que externamente se reflete nas pessoas que você escolhe. "Vou ficar com fulano porque posso ter filhos com ele" ou "Prefiro alguém que melhore minha vida e me enriqueça a mente". Você pode ser muito ambicioso, e é possível que escolha alguém que o ajude a realizar suas ambições em outras áreas da vida, como a carreira por exemplo. Mas é possível também que embarque num relacionamento e se deixe levar sem nenhum propósito, exceto viver o momento e aproveitar ao máximo cada dia. Ou seja: escolhe o caminho da menor resistência. Ou está tão imbuído de propósito que mergulha no relacionamento sem pensar e acaba sozinho. Mas, se esse namorado incrível espera que você largue tudo e fique à disposição dele, esqueça, porque geralmente você prioriza a criatividade em outras áreas da vida — seu amado não costuma ser a única razão da sua existência.

SEDUÇÃO, SEXO E ROMANCES

Embora costume ser seduzido pelas palavras, você gosta de quem é direto e até grosseiro, para que saiba exatamente onde está pisando, pois pode estar tão envolvido consigo mesmo que a sutileza nem chega a tocá-lo. Você não entende a grosseria como tal, mas como uma demonstração de interesse por parte da pessoa amada. Na conversa e na cama você pode ser tão inventivo que a outra pessoa o vê como se estivesse disfarçado, o que pode ser excitante mas também assustador, no caso de parceiros menos afeitos à aventura. Você é aberto às sugestões e geralmente está disposto a experimentar de tudo uma vez. Assim, no seu caso, as técnicas de sedução precisam ir muito além de um simples convite para um drinque.

Mesmo tendo um relacionamento estável, você pode começar um caso para acrescentar à vida uma centelha de novidade, principalmente se a vida sexual de vocês dois estiver monótona. Você adora a emoção da conquista, de maneira que um caso de uma noite pode ser tão embriagante quanto o alento de um amor a longo prazo. Se seu parceiro estiver exigindo demais de você no plano emocional, ou se você sentir que se apegou demais, é possível que procure novas emoções. Por outro lado, se o seu parceiro não lhe dá a intimidade que procura, um caso talvez permita que você entre em contato com sentimentos mais profundos, que precisam ser explorados. Neste caso, vai fazer de tudo para que seus parceiros não se encontrem, ou pelo menos para não levantar as suspeitas do primeiro parceiro.

Sexo é uma de suas palavras favoritas, e você gosta de um bom desempenho, que lhe permita liberar emoções reprimidas e ser criativo com sua energia. Desde que se sinta à vontade com o parceiro, você realmente sabe como se soltar e aproveitar ao máximo a intimidade sexual. Para você tanto faz estar em cima da cama, embaixo dela ou ao ar livre: seu afrodisíaco é sempre a inventividade. Você domina a arte da submissão para que seu parceiro se sinta por cima e sabe como atingir sua meta de prazer, que está acima da do parceiro. Você tem medo de ser dominado sexualmente, sentindo-se uma vítima sexual quando é incapaz de se impor e dizer "não" ou "agora não". É possível que tenha fantasias com vários parceiros que lhe dão prazer sem que você precise satisfazê-los (porque é autocentrado e busca apenas a própria realização sexual). Para você, a masturbação é um maravilhoso alívio quando está sozinho. Você costuma ser prático em relação ao sexo, considerando-o como uma simples e corriqueira parte da vida.

AMIGOS

Os amigos geralmente se beneficiam de sua companhia, pois você é expansivo, gregário, radiante e capaz de energizá-los com seu entusiasmo pela vida. Por exemplo: se você for atlético, vai inspirá-los a praticar alguma atividade física e manter a forma, se tiver uma mente brilhante, vai inspirá-los a estudar assuntos interessantes. Eles admiram também sua capacidade de encontrar a própria direção na vida e de tomar conta de si mesmo — sua independência. E você adora a admiração porque ela alimenta seus sentimentos de auto-importância e, ao sentir-se admirado, você faz com que seus amigos também se sintam bem.

Sob a influência do número 1, você prefere ter muitos amigos diferentes para compartilhar as diversas atividades da vida: ir ao cinema, viajar, fazer cursos para que tenham assuntos em comum, etc. Geralmente você prefere discutir assuntos de interesse geral em vez de discutir seus sentimentos (embora inclua nessas discussões o que sente em relação às questões mundiais). Tendo muitos amigos, você não precisa ter intimidade emocional com nenhum deles. Mas para você é bom ter um amigo com quem possa dividir os sentimentos, pois tende a escondê-los até chegar a ponto de explodir. Você gosta de estabelecer metas com os amigos e é capaz de compreender porque cada pessoa está em sua vida — para ensiná-lo a se valorizar, por exemplo, ou porque têm em comum a meta de escalar o Monte Everest. No entanto, nem mesmo seus melhores amigos chegam a se aproximar demais, porque você passa muito tempo sozinho, por livre escolha.

Seus amigos costumam imitá-lo porque você tem a capacidade de estabelecer tendências, ter novas idéias, inventar coisas úteis, ser o primeiro a agir de uma maneira diferente. Tudo isso faz com que eles olhem para você em busca de orientação. Você pode chegar a lançar modas porque se veste de maneira única. Na verdade, você se esforça para se destacar da multidão, agindo ou falando de maneira que o diferencie do resto. Talvez você goste de se sentir exclusivo ou independente. É possível que alguns de seus amigos também sejam pessoas fortes, que lancem tendências e confiem na própria unicidade. Neste caso, vocês se fortalecem mutuamente simplesmente por serem quem são.

Quem tem o 1 no mapa às vezes perde a direção e fica preso na rotina, temendo dar o primeiro passo na direção de alguém ou de alguma coisa nova. Nesses momentos os amigos são um apoio maravilhoso, apontando-lhe a direção certa ou encorajando-o a enfrentar as situações da vida. Você pode até mesmo agir de maneira indireta e fugir dos problemas, esperando ser salvo pelos amigos. Mas onde há um problema há uma solução, e sua mente brilhante o capacita a resolver a vida por conta própria. Com tendência à independência, às vezes você precisa ficar sozinho para reunir energia e avançar na vida. Seus amigos já devem ter percebido que você é teimoso e obstinado e, digam o que disserem, no fim você acaba sempre fazendo o que quer!

FAMÍLIA

Você pode optar ou não por se envolver na vida familiar. Talvez você seja filho único e tenha passado muito tempo na companhia dos pais (e não de irmãos) ou sozinho. Mas, mesmo que tenha crescido numa família grande, você sempre foi capaz de se divertir sozinho, voltando-se para sua criatividade, para os estudos ou inventando novos brinquedos.

Você é extremamente criativo e pode voltar essa criatividade para o relacionamento e para a educação dos filhos ou para o trabalho e para as novas idéias: o importante é que haja uma meta criativa. Se uma de suas metas for cuidar da família ou fazer parte dela, então você se entrega. Mas se a prioridade for outra, o contato familiar se torna limitado. Você é uma pessoa independente que provavelmente levada pelo pioneirismo, tende a se afastar da família imediata em busca de aventura.

No que se refere à sensação de segurança para se tornar íntimo, principalmente no campo emocional, a vida familiar pode ajudá-lo porque freqüentemente essas são as pessoas mais próximas de você. Seus primos, irmãos, pais e avós viram você crescer, o que faz com que provavelmente seja mais fácil conversar com eles ou pedir sua ajuda. Se você foi criado num ambiente em que não era "adequado" discutir os próprios sentimentos e isso estiver certo para você, pode ser que você sinta que é mais seguro ter por perto as pessoas da família. Mas é possível que você seja autocentrado por natureza. Nesse caso, não percebe ou até reage com indiferença quando uma pessoa próxima, como por exemplo seu pai, tenta se aproximar de você precisando de amor ou ajuda.

Como gosta de viver a própria vida, você costuma causar impacto na família, especialmente se a vida que escolheu não estiver de acordo com determinado estilo de vida ou com os ditames da sociedade. Você poderia, por exemplo, educar os filhos por conta própria em vez de mandá-los à escola e lhes dar roupas diferentes para estimular sua individualidade. O caminho de vida que escolheu pode também intimidar ou chocar os outros. Mas, apesar dessa atitude não-conformista, geralmente acaba fazendo o que esperam de você.

Quando você insiste em fazer as coisas de determinada maneira, seu parceiro pode se sentir atingido por sua individualidade. E você se sente desafiado ou ameaçado por suas sugestões, quando elas são opostas às suas. A vida em família ou a convivência com o parceiro exige que você leve em conta as necessidades de todos, o que desafia sua individualidade. Mas, como tem um lado generoso, gosta que as necessidades de todos sejam atendidas no grupo familiar. O fato de ter um propósito em comum com seus familiares pode ajudá-lo a perder as inibições e trazê-lo para fora de si mesmo, para que possa ser um indivíduo mais pleno. O envolvimento com a família, com o parceiro ou com a vida dos filhos pode lhe dar uma direção na vida.

RELAÇÕES PROFISSIONAIS

Não importa se trabalha em casa, no escritório ou na rua: para você, o importante é que o dia seja gratificante e criativo e que as metas sejam atingidas. Com vontade dinâmica e capacidade de permanecer centrado nas metas, você geralmente as atinge. Mesmo que elas lhe fujam, logo encontra outras para substituí-las. Isso faz com que seja fácil conviver com você, pois você é claro em relação às suas intenções e às suas metas e direto em relação à vida.

Como patrão você faz com que sua equipe trabalhe orientada por sua meta e inspira os outros com a energia que investe no trabalho. Para você trabalho é vida porque cada dia lhe traz algo de novo: um novo desafio, um novo ângulo para ver a vida, além de novas metas. Você espera muito dos colegas e fica zangado ou frustrado quando eles não fazem tanto progresso quanto você. Às vezes eles se sentem inferiores a você, que sabe parecer importante, exclusivo e acima dos outros e, como geralmente é distante, a relação com você parece difícil. Mas você sabe fazer com que os outros vejam as coisas do seu ponto de vista e, mesmo que nem todos gostem de sua criatividade e de suas metas, para você elas são muito importantes.

Sob a influência do 1, você costuma explorar mentalmente muitos conceitos e depois pô-los em prática como parte de suas metas. Você é uma pessoa de idéias — uma grande qualidade em qualquer atividade — e consegue encontrar soluções com facilidade. É capaz de inventar novas maneiras de ver as coisas ou de fazer o que beneficia a todos. Percebendo que você adora ser criativo, as pessoas podem vê-lo como um inovador ou como alguém a quem recorrer quando precisam de um empurrão na direção certa.

Você sabe tomar a iniciativa e geralmente não espera que os outros lhe digam o que fazer. A menos, é claro, que esteja cansado de indicar o caminho e queira tirar uma folga, deixando que lhe mostrem o caminho só para variar. Às vezes você se afasta por longos períodos para trabalhar sozinho, isolado dos outros. Se é seu próprio patrão, isso funciona muito bem, mas se trabalha num escritório como parte de uma equipe, esse afastamento pode ser destrutivo. Negar-se a abrir a porta para que os outros entrem pode ter resultados negativos. O 1 faz com que você prefira trabalhar sozinho, o que faz com que seus colegas sintam, mesmo depois de muitos anos, que eles não o conhecem realmente.

Às vezes você se deixa envolver pelo trabalho a ponto de não conseguir avançar na vida — em nenhuma direção. É possível que crie essa situação para não ter de lidar com outros aspectos da vida. Por exemplo: se não estiver feliz em casa, o excesso de trabalho impede que você enfrente o problema. Ou, diante de um novo patrão ou de um novo projeto, não consegue expressar o que sente e guarda tudo para você. Todos os relacionamentos são importantes, e com seu raciocínio lógico você vai descobrir a própria maneira de lidar com eles e com a vida. Você é ambicioso e costuma aproveitar as oportunidades: adere às novas invenções para melhorar o mundo em que vive.

número

AMOR

Romance é a palavra-chave quando é o número 2 que influencia a vida amorosa — e existe maneira melhor de viver essa incandescência de afeição e amor do que com um 2? Passeios à meia-noite pela praia enluarada, jantares suntuosos à luz de velas e ao som de uma serenata, ou até mesmo simples caminhadas pelo parque são algumas das belas cenas que o esperam. Mas, seja onde for, é de mãos dadas que você fica contente, porque se sente ligado ao seu parceiro. Ao tocá-lo, você transmite a energia dele para suas mãos e depois para o coração (ao receber) e transmite a energia do coração para as mãos (ao dar) e depois para ele. Essa maravilhosa troca de energia ocorre mesmo quando não se tocam, mas quando gosta de alguém você prefere ficar juntinho, inclusive para que os outros percebam que estão juntos.

Uma de suas lições na vida é aprender a dar e a receber, e seu parceiro contribui para que você aprenda essa lição de uma maneira maravilhosa. Mas você, que como ninguém sabe se dar, prefere fazer de tudo para o parceiro, para agradá-lo ou para se sentir amado. De vez em quando você prefere receber, para sentir o amor e a afeição que busca no relacionamento e ter o gosto de ver seu parceiro fazendo coisas para você. Às vezes é assustador dar de si mesmo, principalmente se, por ter sido ferido no passado, você teme a rejeição. Mas receber também assusta, especialmente se for uma novidade para você, que foi sempre a parte que dá. Mas cada um atrai apenas o que precisa no momento e, juntos, você e seu parceiro estão se curando mutuamente.

Para você, é melhor dar ou receber em diferentes graus com diferentes parceiros, pois cada um desperta qualidades diferentes em você e vice-versa. Além disso, dar e receber depende do momento do relacionamento. Por exemplo, você dá menos de si quando há outras questões exigindo sua atenção ou quando está passando por problemas intensamente pessoais. É claro que é dando que se recebe, e que é recebendo que se dá. Por exemplo: seu namorado costuma pagar as despesas durante os maravilhosos fins de semana no campo — mas ele tem tanto prazer em lhe proporcionar essa alegria que aceitá-la é uma maravilhosa maneira de retribuir, além do amor e das experiências que compartilham nesses fins de semana. Ou: você dá ao seu parceiro uma rosa vermelha no café da manhã — mas recebe ao ver o olhar de amor em seu rosto e ganhar seu carinho. Dar e receber, ser receptivo e ativo, yin e yang — são partes naturais da vida e o 2 indica que você está andando na corda bamba e aprendendo a dominar esse ato de delicado equilíbrio.

Sob a influência do 2, é a igualdade que você procura ao escolher um parceiro: alguém que acenda o fogo enquanto você fornece a lenha. Essa igualdade também pode ser relativa à carreira ou à posição social, mas é um fator importante porque você gosta de sentir que os dois desempenham papéis semelhantes — com responsabilidades semelhantes — na criação do relacionamento. Você fica aborrecido quando sente que seu parceiro não está se empenhando, mas também não se sente bem quando percebe que negligenciou as necessidades dele. Mas manter a igualdade é um desafio, pois exige esforço e pressiona vocês dois (especialmente na cama) a terem um bom desempenho. Às vezes você dá para uma pessoa e recebe de outra, o que é uma boa razão para ter mais de um parceiro se o desejar.

Uma das influências sombrias do 2 é torná-lo exigente — em certos momentos é impossível satisfazê-lo. "Quero ir ao cinema agora." "Não, não vamos fazer amor antes de dar comida para o gato." É como se o 1 fizesse exigências ao outro 1 (o que dá 2). Esse braço de ferro faz parte do relacionamento, mas lembre-se de que quanto mais empurrar, mais seu parceiro vai empurrar do lado dele, e vice-versa. Enquanto isso, aprenda que a única maneira de alcançar a harmonia e a paz, que geralmente encabeçam sua lista de prioridades, é cooperar com seu parceiro. Como viver é dar e receber, é transigindo que você encontra soluções felizes para avançar no relacionamento. Poderá então relaxar e descansar ao sol do jardim ao lado de seu parceiro, sabendo que as flores estão crescendo no tempo certo. Você está aprendendo também a se relacionar, mas nem sempre escolhe o melhor momento para isso. Por exemplo: tarde da noite, quando o amor de sua vida já está entrando na terra dos sonhos, você pode resolver discutir com ele seus sentimentos essenciais. Se aprender a ter consideração e a perceber as necessidades de seu parceiro, vai saber escolher o melhor momento para os dois discutirem questões candentes. A consideração pelo outro é parte da lição que a energia do número 2 está lhe ensinando.

Com a influência do 2 na vida amorosa, você é gentil, fácil de agradar, vive para o amor e ama a vida. Talvez viva à procura de sua alma gêmea — um parceiro com quem se sinta "ligado pela barriga" e com quem consiga "sentir a Terra se mover". Ou talvez veja em cada parceiro sua alma gêmea: basta que alguém demonstre amor e afeição ou seja derretidamente romântico para que você sinta que tal pessoa é a ideal. Aberto para a vida, você é como um livro aberto para seu parceiro, mas é você que resolve quem vai levar esse livro especial para o coração ou para o quarto, em noites românticas e aconchegantes. A intuição o ajuda a escolher o que é melhor. Às vezes você é aberto e vulnerável como um filhotinho e muito sensível aos sentimentos do parceiro, pois também tem sentimentos profundos. Precisa se sentir apoiado, mas é capaz de estender a mão para seu parceiro nos momentos bons e ruins, pois gosta de compartilhar tudo o que fazem.

Como associa a solidão à falta de um parceiro, para você é muito doloroso não fazer parte de um par. Você pode se isolar dos sentimentos ou tornar-se emotivo e intenso demais. É bom lembrar que o amor da vida está no ar que respiramos: você inspira e expira esse amor, que nunca deixa de envolvê-lo. É importante aprender a amar a si mesmo: é amando e honrando a si mesmo, como parte da vida, que você aprende a amar os outros. Isso com certeza inclui o amor de um parceiro maravilhoso ou de sua alma gêmea. A vida é simples e ao mergulhar no amor você contribui para o mundo em que vive de maneira positiva: é o amor que faz o mundo girar.

Desde que esteja centrado, você tem um efeito calmante sobre seu parceiro, que é atraído por essa paz interior que você irradia. Ele se derrete em seus braços e em sua aura amorosa quando compartilham seu espaço sagrado. Como às vezes você é passivo demais, um parceiro que consiga incitar suas paixões é geralmente o que seu coração deseja.

SEDUÇÃO, SEXO E ROMANCES

Na vida há apenas amor e medo, portanto para você a perfeita sedução integra qualquer um dos dois. Você pode ser seduzido pela afeição quando já no primeiro encontro seu provável amante sente-se à vontade para segurar seu braço ou cobri-lo de beijos. É também seduzido pela gentileza ou pelas coisas carinhosas que ele lhe sussurra ao ouvido. Você adora se sentir amado e, quanto mais se sente amado, mais aberto você fica e mais sexy se sente. O medo também o seduz: você gosta, por exemplo, de fazer sexo em locais públicos correndo o risco de ser flagrado, ou em posições perigosas (em cima de uma árvore ou embaixo d'água, por exemplo). Fica excitado quando, pressionado pelo tempo, precisa apressar o parceiro ou quando é pressionado (pelos outros) porque seu parceiro é uma *liaison dangereuse* (ligação perigosa).

Mesmo que tenha um relacionamento estável, você pode procurar um caso se sentir que o amor acabou ou que tem pouca ligação emocional com o companheiro. Nesse caso, você procura essas qualidades num amante com quem goste de fazer amor. Só que vai ser um verdadeiro desafio administrar os sentimentos decorrentes de ter dois relacionamentos ao mesmo tempo. Mas um caso pode ensiná-lo a tomar decisões: você se vê forçado a escolher entre o companheiro e o amante, a resolver se quer harmonizar seu tempo entre os dois ou partir para outra.

Com um 2 no mapa (principalmente se o 2 vier de um 11, que sugere uma pessoa passional, pronta a ser arrebatada pelo calor da hora), é provável que você faça de tudo para deixar seu parceiro feliz e para manter a harmonia na vida sexual. Para você, que adora cuidar e compartilhar, nada como trocar energia vital, na cama ou fora dela. Você gosta de preparar o cenário e de tornar o ambiente o mais acolhedor possível, de maneira que seja bonito, gostoso e favoreça a intimidade. Adora o toque da água na pele e o chuveiro é um de seus locais prediletos, assim como adora o toque de uma camiseta ou lingerie molhada no corpo, e assim aparecer para a pessoa amada. É provável que tenha a fantasia de fazer amor com pessoas dos dois sexos (explorando a dualidade do 2). Ou fantasias de fazer amor com um irmão, irmã ou membro da família (um tabu real, que dá medo e estimula a imaginação). O sexo tântrico — domínio das energias (sexuais) para prolongar o ato do amor — também pode atraí-lo. Mas você também fica feliz com um beijo, um abraço e sexo duas vezes por semana sob os lençóis.

AMIGOS

Você é simples e gosta da vida simples. Embora seja o primeiro a oferecer o ombro e a se dispor a ouvir, você gosta que seus amigos respeitem sua necessidade de paz. Na verdade, se um amigo começar a tomar muito de seu tempo, você passa a evitá-lo, pois é tão sensível à dor dos outros e a sente tão profundamente que se desequilibra com as emoções alheias. Mas você também é um desafio para seus amigos e os desequilibra, impondo-lhes uma torrente de emoções. É claro que, nos momentos bons e ruins, os amigos o ensinam a viver e a se relacionar consigo mesmo.

Às vezes, com sua natureza plácida, você é uma excelente âncora: acalma as pessoas e faz com que permaneçam centradas, mesmo em meio a uma crise. Elas se prendem à sua honestidade e carinho, sentindo-se amparadas, amadas e emocionalmente seguras. Você tem necessidade de se relacionar através das emoções, e seus amigos precisam estar preparados para compartilhar os mais íntimos detalhes. Às vezes você esconde os sentimentos, mas seus amigos provavelmente sabem quando interferir e quando deixá-lo em paz, esperando que você esteja pronto para se abrir no momento que lhe for apropriado. Quando fica carente, você é dominado pelas emoções e exige que os amigos o escutem, mas, quando começa a chafurdar nas emoções, eles costumam se afastar para que você desemaranhe sozinho seus sentimentos.

Com a influência do 2 nas amizades, você gosta de apoiar os amigos e de contar com o apoio deles, de saber que podem telefonar uns para os outros a qualquer hora, pois estão sempre à disposição (especialmente os mais chegados). Mas às vezes você abusa desse apoio, transforma os amigos em muleta e passa a depender demais deles. Pode também exagerar no apoio que dá a eles, esquecendo-se de viver a própria vida. Como às vezes as emoções são avassaladoras (as suas e as deles), para permanecer centrado você deve dar atenção a outras coisas da vida para encontrar o equilíbrio.

Às vezes você tem medo de amizades profundas, temendo ser rejeitado ao mostrar quem realmente é. Mas os amigos são amigos porque o amam como é: eles conhecem suas jóias de sabedoria e beleza e conhecem seus defeitos, mas continuam a amá-lo! Às vezes não gostam de uma característica sua porque ela espelha alguma qualidade que estão aprendendo a transformar! Quando a proximidade é excessiva (quando você sente que se abriu demais e contou alguma coisa que o torna vulnerável), você pode se afastar da pessoa e forçar a separação. Mas isso é como fugir de si mesmo. Sendo honesto em relação aos sentimentos — consigo mesmo e com seu amigo — você vai aprender a amar seu verdadeiro eu e a ser feliz com ele.

Muita conversa e ligações emocionais — é assim que você gosta de relaxar e de conviver com os amigos. Quanto a atividades, você gosta de freqüentar aulas de ioga, concertos ou a piscina.

FAMÍLIA

A vida em família é parte natural da sua vida, pois você gosta de se relacionar com aqueles que lhe são mais próximos. Você pode ter sido criado num lar cheio de amor e carinho, ou tenha sido obrigado a cuidar da família. Será que você sabia ouvir os problemas dos outros ou era um diabinho que gostava de aprontar e indispunha sua irmã contra seu irmão, sua mãe contra seu pai? É possível também que tenha sido o irmão do meio, sentindo-se sempre em desvantagem.

A influência do 2 faz com que você não goste de situações em que precisa tomar partido, especialmente em casa: problemas entre seus pais ou entre seu companheiro e seus filhos (num divórcio, por exemplo). Você é bastante inflexível quando é posto contra a parede e tende a manipular as situações e as pessoas para evitar escolhas diretas. Mas é generoso e, especialmente num divórcio, prefere um acordo amigável em que os dois lados saiam ganhando. Mas o divórcio, que é um dos fatos mais dolorosos da vida, para o 2 é insuportável — dada a profundidade de suas emoções.

Às vezes, nas discussões em família — que costumam acontecer quando as pessoas se reúnem em ocasiões especiais —, pedem que você negocie um acordo de maneira diplomática, o que geralmente faz com facilidade. Mas nem sempre a diplomacia é seu forte: você pode ser, quando quer, descuidado e cruel com seus comentários e ações.

Às vezes você é indiferente em relação às pessoas mais próximas, talvez porque seja tão doloroso sentir. Mas essa indiferença, principalmente quando se trata de questões familiares, tende a provocar o caos à sua volta. Por exemplo: se o seu companheiro e a sua sogra (que mora com vocês) pedirem sua ajuda para resolver suas diferenças, a indiferença vai piorar ainda mais a situação, criando ainda mais conflitos para você. No ambiente doméstico, a cooperação ajuda a manter a paz e os corações felizes. Compartilhando a maravilhosa sabedoria e tolerância que tem no coração, você vai ajudar a família a enfrentar qualquer problema, sabendo que o amor sempre encontra a solução.

Você está sempre ponderando as situações e se comparando às pessoas da família. Por exemplo: como sua prima se formou em direito com distinção, você "precisa" fazer a mesma coisa. Essa atitude gera pressão (auto-imposta), mas pode também estimulá-lo a fazer as coisas que quer. Você costuma também medir o desenvolvimento de seus filhos e até mesmo o amor que seu parceiro lhe dá. Pesar as coisas é sua reação natural sempre que há uma equação de 2.

Você não deve pensar em termos de dar e receber, mas de compartilhar. Se você compartilhar a vida com as pessoas da família, elas farão o mesmo com você.

RELAÇÕES PROFISSIONAIS

Você gosta de um ambiente de trabalho que contribua o máximo possível para o seu tipo de atividade. Por exemplo: num dia de faxina, você passa aspirador ouvindo música ou assistindo a televisão. Como para você o ambiente físico, que inclui as pessoas à sua volta, é muito importante, você gosta que ele seja calmo e harmonioso. Isso o leva, por exemplo, a decorar o local de trabalho com plantas ou a escolher cores relaxantes para as paredes.

Mas as pessoas são energias vivas em movimento e criam boa parte da atmosfera em que você trabalha. Por exemplo: se você estiver emotivo e de mau humor, vai influenciar seus colegas — mas por que fazê-los sofrer? O relacionamento com os colegas é muito importante para uma alma sensível como você, que pode até deixar um emprego, mesmo com o melhor salário e a melhor posição do mundo, só para ter paz. Mas lembre-se de que a paz está dentro de você e o acompanha para onde quer que vá. Outra lição que está aprendendo é a tolerância, embora se defronte apenas com o que pode agüentar.

Você gosta de dividir seu trabalho, e faz questão de ter certeza que está dividido em partes iguais. Fica feliz em ajudar quem está sobrecarregado e gosta da idéia de cooperação. Você costuma se sentir satisfeito no trabalho e cumprir calmamente suas obrigações, sem criar confusão nem protestar. Mas, em certos dias, você precisa de convivência e de contato emocional. Nesses dias você fica falando de problemas do cotidiano com seus colegas e quase não trabalha! Se tiver a oportunidade, vai até o bar para conversar mais à vontade, comer e beber — com moderação, é claro.

As pessoas gostam de você porque é aberto e acessível e capaz de ouvir sem tomar partido. Assim, é boa companhia e faz boas amizades no trabalho. Gosta de ajudar quem está em dificuldade e gosta de sentir que os outros precisam de você. Mas, como é sensível ao ambiente, fica magoado quando percebe que não o querem por perto. Por outro lado, você fica animado e de bem consigo mesmo quando é amado e necessário no ambiente de trabalho.

Sob a influência do 2, você se sente desafiado quando é obrigado a tomar decisões, preferindo que os colegas as tomem por você. Por exemplo: você é um *designer* e seu chefe lhe pergunta que projeto gostaria de assumir. Num caso assim, você é capaz de entrar em inércia total, esperando que alguém lhe diga o que fazer. A indecisão é um problema para você e para a empresa, pois tempo, dinheiro e reputação são fundamentais. Mas, por mais assustador que isso lhe pareça, a indecisão é uma das qualidades que você deve transformar.

O 2 em seu mapa faz com que você não goste de estar na média, particularmente no trabalho, e por isso está sempre comparando seu desempenho com o dos outros. Mas você dá o máximo de si e com certeza há em sua vida alguns aspectos que realmente brilham.

número 3

AMOR

Influenciado pela energia 3, um de seus ingredientes essenciais é saber contar uma piada — "Você conhece a do...." — e sua centésima piada é tão engraçada quanto a primeira! O riso e o humor têm um papel muito importante na sua vida e provavelmente você nasceu rindo da parteira ou fazendo caretas para ela (poderia viver de imitações) e pensando: "Que mundo mais engraçado!" Melhor rir do que chorar, acredita você. Mas seu senso de humor é maldoso e às vezes pode lhe criar problemas, principalmente quando resolve pregar peças nos outros. Quando está de mau humor, você apela para o ridículo e, se for uma pessoa sensível, seu parceiro pode não gostar ou pode lhe responder com uma bofetada verbal. Mas você tem o dom de fazer seu parceiro morrer de rir e essa é a melhor terapia, pois faz com que as endorfinas saiam nadando pelo corpo, diminuindo assim os níveis de *stress*.

Por isso, seu parceiro precisa ter senso de humor ou necessidade de levantar o humor ficando ao seu lado. Você pode deixá-lo furioso quando exagera, como por exemplo quando você fica bancando o bobo da corte enquanto ele tenta conversar a sério. Você encara problemas sérios com humor, pois procura resolvê-los em vez de se preocupar demais com eles ou com suas conseqüências. Mas essa atitude alegre e descuidada às vezes é um sinal de que você não percebeu a seriedade potencial de um problema, levando-o a entrar num campo minado quando tenta se safar de alguma situação (principalmente quando se trata de relacionamentos!).

A influência do 3 faz com que você seja muito emotivo e sensível em relação à vida (o que você disfarça com risadas). Você consegue rir de si mesmo, mas quando a coisa fica séria você foge: se achar que se envolveu demais com alguém, é provável que vá lançar a rede em outro pesqueiro. Como gosta da liberdade, você é capaz de se desviar do caminho de um momento para o outro para sair de um relacionamento, caso ainda não tenha encontrado o parceiro perfeito: aquele que talvez consiga prendê-lo. Irreverente que é, você prefere manter o relacionamento num nível mais superficial (sexo e chá, não jantar e sexo) e às vezes caçoa do parceiro, para forçá-lo a ir embora. Você tem vontade de experimentar toda a diversão e a leveza da vida, de exercitar sua expressão com muitos parceiros e de aproveitar todas as delícias que a natureza oferece.

O 3 pede que você aprenda a se expressar, e para isso deve se comunicar bastante com seu parceiro. Embora parte dessa comunicação seja superficial porque você tem medo de revelar seus verdadeiros sentimentos, ela o ajuda bastante. Mas você pode ser falador e efusivo demais, a ponto de seu parceiro ter dificuldade para conviver com você, pois precisa atravessar um monte de palavras se quer descobrir quais são seus verdadeiros sentimentos. Às vezes isso cansa.

Sob a influência do 3, você é brincalhão, capaz de erguer o ânimo do parceiro, e de natureza otimista, preferindo focalizar o lado positivo da vida. Mas esse otimismo (especialmente no início do relacionamento) faz com que ignore os defeitos do parceiro ou as incompatibilidades naturais. Depois, quando surgem conflitos, você fica surpreso — mas mesmo assim continua otimista.

Você adora conviver com as pessoas e diverti-las (não apenas com seu senso de humor), e na verdade isso costuma tomar mais o seu tempo do que o trabalho. Felizmente, com toda a energia que o 3 lhe dá, você precisa dormir pouco (menos do que todos os outros mortais à sua volta). Como é tão ativo e tem tanta coisa a fazer, prefere ficar acordado, mesmo que tenha passado a noite se divertindo. Seu parceiro gosta de seu talento para a conversa e de sua capacidade de se dar bem com as pessoas e com os animais — e também de seus dons culinários (aqui seus talentos são incríveis). A menos, é claro, que seja do tipo ciumento: nesse caso não consegue lidar com toda a atenção que você atrai. Você parece atrair amantes sociais: eles também fazem parte do cardápio. De natureza borbulhante, você atrai amantes como um pote de mel atrai abelhas. Só que não é fácil ficar com você. Você tem muito talento para ficar à vontade e deixar a vida fluir (o que pode provocar frustração, especialmente no caso de pessoas organizadas e eficientes, que gostam que tudo seja feito no momento). Na verdade, para você é sempre feriado: viver é ter uma bebida numa mão e um amante maravilhoso na outra. Passeia sem esforço pela vida e pula fora quando já teve sua dose.

Aparentemente confiante e extrovertido, você tem medo de não saber tocar a vida e duvida de suas habilidades como amante. Por dentro, você se critica sem parar e às vezes projeta essa falta de confiança no parceiro. Essa é outra qualidade cansativa do 3 — cansativa para você e para seu parceiro. Quando quer, você é um demônio e põe as garras de fora. Imagine ouvir estes comentários: "Você foi muito rápido, portanto não é bom de cama." Ou: "Não gosto da sua roupa nem da cor da sua *lingerie*." Maravilha! Essa tendência a exagerar nas críticas a si mesmo pela falta de perfeição na vida pode destruir sua confiança. Lembre-se de que seu adorável 3 quer ensiná-lo a relaxar e a fluir com a vida — e que vai afastar seus parceiros se estiver sempre à procura de defeitos.

Você é atraído pela aparência das pessoas e chega a imaginar que se alguém é bonito só pode ser bom. Um supermodelo ou a garota da capa podem ser ótimos para desfilar nas melhores festas, mas como serão na cama? Será que não ficam posando na frente do espelho do banheiro, achando que você deve se prostrar a seus pés sem que façam esforço algum? Será que conseguem manter uma conversa inteligente sobre qualquer assunto além deles mesmos? Você se identifica com isso? Pois sua paquera da hora pode inflar seu ego, mas nada além disso.

Com o 3 no mapa, você adora fofocar e falar de seu último amante para os amigos, ou até mesmo nos jornais. É falador e às vezes divulga até informações vitais. Sair alardeando cada beijo é coisa inventada pelo 3, mas cuidado porque falar demais pode lhe custar seu amor e sua reputação. Assim, se está pensando em escrever um romance fácil sobre sexo e promiscuidade, amor e vida, política e outras coisas, lembre-se de que embora a abundância reine em seu mapa, o dinheiro não traz amigos verdadeiros. Mas pode trazer amigos instantâneos e uma grande dor de cabeça, se é disso que gosta. Você tem uma natureza tempestuosa e pode ter vários parceiros ao mesmo tempo, ficando sem saber qual deles escolher. Mas pode também usar toda a sua criatividade para construir um ninho e um relacionamento duradouro com a pessoa de seus sonhos.

SEDUÇÃO, SEXO E ROMANCES

Você é seduzido pela aparência física: ombros atléticos, pernas longas, um belo bumbum e um sorriso sedutor. Mas o afeto (muito) também o seduz. Você inventou o flerte: um movimento de pálpebras, o olhar cravado abaixo da cintura dele, uma piada ou duas e você se torna irresistível. Mesmo que possua um Q.I. sobre-humano, seus instintos animais sempre levam a melhor e você fica à vontade para mostrar ao seu parceiro o que tem no cardápio do dia. Outro método para seduzi-lo com facilidade é chamar as atenções sobre você (levá-lo a uma festa cheia de fotógrafos ajuda muito), o que costuma amaciá-lo bastante. Você é de convivência fácil e se o novo namorado arma uma cena você não dá muita bola.

Você é naturalmente atraído a explorar a dinâmica do 3: um parceiro estável e um amante parece ser a solução ideal. Mas é uma situação que o deixa confuso, pois as energias se dispersam entre os dois. Você pode ter um amante para se divertir, no caso de ter um relacionamento estável sério demais ou um companheiro que o critica muito. Ou talvez precise do amante para se expressar sexualmente, no caso de não ter uma boa relação com o companheiro. Mas o caso pode ser só o pretexto para terminar um relacionamento estável que esteja sufocando sua criatividade e expansão.

Em relação ao sexo, o 3 tem um lema: "Em qualquer lugar, a qualquer hora, com qualquer um (ou quase)." Ou seja: com sua atitude casual e descontraída, você aceita de bom grado tudo o que a vida lhe traz. Com sua alegria de viver, curte o momento e tira o maior proveito de tudo o que cruza seu caminho. Você é totalmente desinibido e pode gostar muito de sexo grupal ou a três, além de ter uma queda pelo voyeurismo. Adora sexo e tirar a roupa para revelar os dons da natureza é um de seus passatempos prediletos. O sexo é natural para você, que não fica chocado com pornografia nem com o sexo mais explícito. Como afrodisíaco, gosta de representar papéis, como a virgem ou a prostituta, vestindo-se com roupas, jóias e pinturas provocantes para a ocasião. Quando quer, você é selvagem — e suas fantasias correm soltas. Seu maior medo é perder o pique. Mas é possível também que seja estritamente moralista e acredite que o amor vem antes do sexo.

AMIGOS

Você ama a liberdade e costuma fazer montes de amigos em suas viagens (uma de suas ocupações favoritas) ou ao longo da viagem da vida. Como é brilhante, entusiasmado e divertido, seu círculo de amigos tende a incluir qualquer um, de missionários da Índia a estrelas de cinema. Você é adaptável em relação à vida e às pessoas, tendo facilidade para conversar com qualquer um sobre qualquer coisa (geralmente de maneira superficial).

Você costuma desaparecer de um momento para o outro e seus amigos sabem disso. Compreendem que você tem paixão pela liberdade, pois talvez também a tenham. Só que para eles é um verdadeiro desafio combinar com você para sair à noite, por exemplo. Como o tempo não lhe diz nada, você é capaz de desembarcar de um avião e embarcar em outro de um minuto para o outro. Ou combinar um cineminha com os amigos e sair de viagem, pois afinal surgiu a oportunidade. Os amigos procuram marcar encontros com você com antecedência (não que isso adiante!) porque sua agenda social vive entupida de convites e eventos. Como sua popularidade ganha embalo à medida que a vida avança, é bom dispensar alguns "amigos" de vez em quando. Você poderá recuperar alguns deles em outra ocasião.

Sob influência do 3, você tende a ter mais amigos do sexo oposto, principalmente por causa de seu magnetismo animal. Mas você não gosta de ser julgado só pela aparência ou por qualidades superficiais: quer que as pessoas levem em conta seus elementos místicos mais profundos. É possível que seja profundamente religioso, que se oriente através de seus instintos mediúnicos ou "viscerais", ou pelo menos que tenha interesse pela espiritualidade. Isso não quer dizer que você costume pegar a vassoura e sair voando pelo bosque à meia-noite, mas que tem consciência das dimensões da vida além da puramente física.

Parte de sua popularidade se deve naturalmente a seu senso de humor e você adora bater papo com os amigos sobre as últimas fofocas e trivialidades dos noticiários. Enxerga o lado engraçado da vida e faz montes de piadas sobre o que vê. Quando fala da vida alheia com amigos, ninguém é poupado, e geralmente sua lealdade fica com quem está ao seu lado no momento. Mas essa fofoca costuma ser divertida, sem intenção de prejudicar ninguém. Embora seu senso de humor pouco cerimonioso provoque muitas risadas, você não gosta muito que riam de você ou que o critiquem, nem de brincadeira e nem que a crítica venha de seu melhor amigo — que certamente consegue ferir sua suscetibilidade.

Mas você não fica fofocando o dia inteiro e nem sentado à mesa, comendo com os amigos, pois é uma pessoa ativa. Gosta de convidar os amigos para correr pelo bairro, jogar tênis ou dançar. Adora esportes de ação e pode ser uma pessoa muito voltada para o corpo.

FAMÍLIA

É possível que tenha aprendido a ter traquejo social ainda criança, ou porque tinha muitas pessoas à sua volta ou porque seus pais achavam que isso era essencial para você. Você pode ter sido infinitamente criativo na infância, sempre fazendo coisas e mexendo em tudo. Vivia "sentado num formigueiro", inventando um projeto criativo depois do outro, às vezes sem concluí-los. Agora é possível que seja uma pessoa inquieta, sempre pensando no que vai fazer em seguida. Na verdade, você se desconcentra com facilidade e, quando se trata de obrigações familiares, gostaria muito mais de estar em outro lugar se divertindo. Mas aprender a se concentrar em uma coisa por vez pode lhe ser muito útil.

Você adora a vida social, e para oferecer uma festa qualquer pretexto serve: o aniversário das crianças, o primo que tirou a carteira de motorista. Você gosta de se reunir com a família para saber das novidades, gosta de organizar programas e costuma telefonar com freqüência para os parentes, só para manter contato. A comida tem um papel importante na sua vida — é um cozinheiro brilhante ou simplesmente gosta de comer. Para você o paraíso é comer e conversar: uma refeição em família. Às vezes apela para a comida quando está deprimido, sensível ou emotivo demais: nessas situações, come tudo o que vê pela frente.

Com a influência do 3 na vida familiar, você tem tendência para ser muito generoso: é o primeiro a dar dinheiro e a angariar fundos para obras de caridade que beneficiem os menos favorecidos, especialmente os que não têm comida nem família. Sempre que possível, costuma trabalhar com dedicação para ajudar os necessitados. Gosta de muita risada e de uma abundância de amor. Afinal sai de graça e você gosta de espalhar alegria — e prosperidade — entre os membros da família.

Você costuma ter discussões bobas com as pessoas da família porque tem argumentos contrários aos delas ou porque elas não gostam da negligência com que você trata as questões que tentam discutir. Às vezes, só para se divertir ou porque gosta de uma boa discussão, você solta o gato entre os pombos, usando como isca qualquer coisa que deixe as pessoas alvoroçadas, como por exemplo um comentário maldoso sobre a aparência de alguém. Provocar seu parceiro ou seus irmãos é uma maneira de passar o tempo, mas, como eles também o irritam com facilidade, o humor é a única saída. Na verdade, você é especialista em dissipar a energia e aliviar as situações, com muita conversa ou chamando a atenção para alguma coisa engraçada. Você tem o dom da conversa e humor suficiente para transformar uma guerra numa festa.

As obrigações familiares podem irritá-lo e deixá-lo ressentido, principalmente se você achar que seus esforços não foram reconhecidos. Apesar de ser caloroso com o parceiro e com os filhos, você pode ser duro com eles, esperando que sejam perfeitos. Como é hábil com as mãos, uma massagem feita por você não é de se desprezar.

RELAÇÕES PROFISSIONAIS

Para você a vida é uma festa, e não há motivo para que essa festa não continue no trabalho. Você pode, por exemplo, escolher uma carreira que lhe dê oportunidade de interagir ou trabalhar com muitas pessoas diferentes e estimulantes. Mas se o seu emprego exige que fique sentado numa mesa o dia inteiro de boca fechada, você também se sai bem, porque sabe que na hora do almoço e à noite vai poder se expressar na companhia das pessoas mais próximas. Mas às vezes gosta da quietude de trabalhar sozinho, principalmente quando há um caos à sua volta ou em outras áreas de sua vida.

Você gosta de papear, mas cuidado, pois às vezes não pára nem para respirar entre uma conversa e outra. Além disso, você pode negligenciar o trabalho, porque se distrai com as pessoas ou porque fica ocupado demais ao celular, organizando a vida social e os eventos da semana seguinte. Às vezes você comete erros porque não presta atenção: fica pensando em outra coisa enquanto trabalha. Depois transforma os erros em piada — mas tudo tem seu limite. O cansaço também pode lhe causar problemas no trabalho, porque passa muitas noites conversando ou bebendo.

Você é abundantemente criativo. Pode pintar, escrever, cozinhar, fazer jardinagem, massagem ou usar a criatividade para estudar — e alguns de seus projetos criativos podem lhe trazer muito sucesso. Assim, por mais tempo que passe conversando com os colegas, você gosta de chegar ao final do dia sentindo que realizou alguma coisa. Explora todas as possibilidades e investe muito esforço e muito tempo em tudo o que faz — mesmo que não seja generosamente remunerado.

A influência do 3 no trabalho faz com que você tenha um ar informal e um comportamento que podem provocar comentários (se for pego cedendo a desejos carnais no escritório ou na salinha dos fundos ou paquerando o patrão). Talvez nem perceba que flerta o tempo inteiro, tão natural isso é para você. Mas seu senso de humor o ajuda a sair das situações difíceis e costuma alegrar a vida dos outros.

Você gosta de variedade no trabalho, é adaptável e capaz de realizar várias tarefas, o que é um ótimo recurso. Sua flexibilidade permite que você trabalhe em muitos projetos ao mesmo tempo — é um malabarista, que sabe manter todas as bolas no ar ao mesmo tempo.

Por exemplo: se você é uma recepcionista (uma função que permite o contato social), consegue falar com um cliente e com o boy ao telefone enquanto reserva a sala de reuniões para o colega à sua frente. De vez em quando as bolas escapam e provocam uma confusão, e às vezes você tem o hábito de criar o caos e a desordem à sua volta. Mas viver é aprender e não vale a pena ficar se criticando pelo que acontece. Você se levanta e vai em frente, mesmo que seja para outro emprego, onde seus esforços sejam apreciados. Seu gosto pela diversão faz de você um colega querido e sua alegria traz o brilho do sol, quebrando o tédio do dia de trabalho.

número 4

AMOR

Para o 4, a segurança é um dos aspectos mais importantes dos relacionamentos. Como a sensação de segurança vem de dentro, para você é essencial "firmar-se" na vida. E isso depende da sua capacidade de se sentir à vontade e seguro em seu ambiente, o que inclui o corpo físico e o mundo físico, assim como todo o meio em que vive. Depende também da capacidade de lidar com a realidade de maneira prática e de levar a vida equilibradamente, passo a passo. Assim, é muito atraente para você um parceiro que lhe dê segurança, que o ajude a firmar os pés no chão e que acabe com seus sentimentos de insegurança. É claro que com seu parceiro você explora a paixão e o prazer, o que também faz com que se sinta muito bem. Seu parceiro pode também alimentar sua insegurança, fugindo, por exemplo, do compromisso, o que lhe dá a impressão de que ele pode ir embora a qualquer momento. Por outro lado, isso o obriga a construir por si mesmo a segurança interior e, quanto mais seguro estiver, mais seu parceiro se sentirá à vontade para ficar perto de você.

Às vezes, para testar sua segurança, você se arrisca em relação ao parceiro, o que pode ir de uma proposta de casamento a um pedido inusitado na cama, expondo-se a mais insegurança para fortalecer essa característica. Às vezes isso dá certo e às vezes não, mas assumindo a responsabilidade por suas ações, sejam quais forem os resultados, você aprende a firmar os pés no chão.

Você atrai as pessoas — e parceiros em potencial — porque lhes passa a sensação de estar sempre muito seguro e em paz com a vida.

Fora os dramas ocasionais (que também alimentam sua insegurança), elas o vêem como uma pessoa sólida e certamente confiável. Às vezes, enxergando apenas a superfície, antevêem um relacionamento estável mas pouco excitante, mergulhado em rotina e domesticidade — mesmo no amor — porque você parece se esconder da vida. Como estão erradas! O 4 em seu mapa o torna extremamente romântico e apaixonado, o que não se limita ao sexo por diversão, pois lhe dá também a possibilidade de ser um mestre da sexualidade, o que certamente exige muita prática! Afinal, o 4 representa a terra, e essa qualidade terrena pode ser muito sexy. A energia do 4 faz com que você pareça mundano, mas basta conhecê-lo melhor para que você se sinta seguro e pronto! — cuidado com as "mordidas de amor".

Com a influência do 4, seu amante ideal precisa ser também um bom amigo, porque a amizade é uma das qualidades que você mais procura num relacionamento. E, quando encontrar seu amigo e amante ideal, você logo vai propor casamento ou sugerir que construam um ninho de amor. É claro que para dar esse passo você precisa se sentir muito seguro em relação ao parceiro, e talvez prefira que a proposta parta dele. Para você o compromisso é muito estimulante, mas por mais fundo que vá no relacionamento e por mais estável que ele seja, você geralmente precisa de uma aliança formal.

A paixão é um de seus medos, pois flutuar por aí com a cabeça no ar significa não estar com os pés no chão. E no que lhe diz respeito, isso é um desastre, porque quando a rotina diária — seu mecanismo de sobrevivência — sai do sincronismo, você se sente muito inseguro. Mas imagine pensar no leito de morte: "Nunca me apaixonei, o que será que perdi?" A vida é amor e o amor é vida, e baixar as armas pode ser ótimo para você — pelo menos uma vez na vida. E se ficar apaixonado mas não gostar, pelo menos terá experimentado outra riqueza da vida. "Mas sou prático demais para me apaixonar", pensa você... imagine a paixão e as alegrias que poderá viver com seu parceiro — e talvez mude de idéia! Afinal, você se sente muito seguro quando seu parceiro está apaixonado por você!

Você precisa segurar a realidade e torná-la tangível, e como não é possível medir o amor nem colocá-lo numa caixa, ele pode não lhe parecer real. Real para você são as cócegas que seu parceiro lhe faz nos pés, a comida que ele põe na mesa ou o fato de morarem juntos, mas não o fato de estarem apaixonados. Para você, o amor é aquilo que seu parceiro pode fazer por você no plano prático e físico, não importando muito se ele é inteligente, bonito ou espiritual — você procura o que é prático. Mas, graças aos elementos românticos do 4, você vê beleza nas coisas físicas.

Você gosta de harmonia na vida porque se sente seguro quando as coisas correm bem, e um parceiro que tenha inclinação para dramas ou crises emocionais (como TPM crônica) será um desafio para você. Às vezes os dramas o ajudam a firmar ainda mais os pés no chão: você fica sólido como uma rocha na tempestade e oferece apoio prático quando seu parceiro está fora dos trilhos. Mas, em outras ocasiões, o conflito abala sua base e suas raízes, o que pode ser muito desestimulante para você.

Você é, ocasionalmente, um cidadão tão reto e responsável que chega a sentir nos ombros o peso da responsabilidade — e pode querer assumir também a responsabilidade por seu parceiro. Por exemplo: talvez se disponha a sustentá-lo porque ele começou a ganhar menos neste ano. Ou ele está sem casa e sem emprego e você resolve a situação, ou paga as despesas da viagem para a praia, e assim por diante. Para você a responsabilidade é tão natural que assumir um pouco mais parece fácil. Mas isso o faz feliz? Talvez estimular o parceiro a assumir a responsabilidade por si mesmo possa ajudá-lo a fazer o mesmo, de maneira que os dois sejam capazes de sobreviver no mundo físico. Apaixonar-se por alguém, principalmente porque esse alguém faz coisas por você, pode significar um duro golpe no futuro, quando isso não mais acontecer.

Às vezes, ao organizar a vida com seu parceiro, você fica tão atolado em providências práticas que tudo fica sério demais e você perde todas as coisas divertidas que poderiam estar fazendo juntos. A familiaridade alimenta o desrespeito e o tédio pode se instalar. Em vez de ser previsível — e ir ao mesmo restaurante de sempre — acrescente um pouco de emoção ao relacionamento sendo espontâneo de vez em quando. Sua vida sexual fica mais temperada quando você consegue ser espontâneo em relação às técnicas de fazer amor ou em relação ao lugar que escolhe para isso.

Você pode ser muito resistente à mudança, e até mesmo usar roupas íntimas de cores diferentes pode ser um desafio para você. A rigidez leva ao amortecimento, pois você perde contato com partes de você mesmo, o que depois se reflete como amortecimento na relação.

Às vezes você precisa de estímulo para experimentar uma novidade e seu parceiro pode lhe dar esse estímulo. Quando saírem juntos para fazer compras, você pode se arriscar e comprar roupas íntimas, camisetas ou maquiagem de cores diferentes, tornando-se mais flexível com a aparência. A criatividade consciente acrescenta uma dimensão diferente à vida e abrilhanta a rotina diária.

SEDUÇÃO, SEXO E ROMANCES

Para o 4 a segurança é o melhor estimulante, e você é facilmente seduzido se descobrir que seu possível parceiro não tem mais ninguém, que teve só um relacionamento (que durou muitos, muitos anos) ou que trabalhou fielmente para a mesma empresa durante toda a vida. Para você, isso sugere um bom potencial — você acredita que tal pessoa não vai entrar nem sair de repente de sua vida, o que perturbaria sua rotina e contribuiria para sua insegurança. A amizade também desempenha papel importante e é provável que você seduza um amigo (ou se deixe seduzir por ele) porque fica mais à vontade com quem conhece. Mas às vezes você pode ser irresponsável e acordar com uma tremenda ressaca, sem saber o que está fazendo ao lado da Bela Adormecida e muito menos o que fez com ela!

Sob a influência do 4, você pode começar um caso porque precisa de uma muleta ou de ajuda para sobreviver, ou para escapar da monotonia da rotina e das responsabilidades diárias. Mas talvez procure outra coisa porque gosta de se sentir especial e seu companheiro perdeu o interesse por você. Em geral você mantém o caso em segredo porque nada que desequilibre o barco de seu relacionamento estável e gere insegurança vale a pena. Quando sente a necessidade de contribuir para a continuação da espécie humana, faz qualquer coisa para satisfazê-la, seja com o companheiro ou com o amante.

A influência do 4 na vida sexual faz de você uma pessoa muito física, que gosta de brincadeiras curtas e grossas, como morder ou arranhar o parceiro quando atinge os pincaros da paixão, ou mesmo como afrodisíaco. Como precisa se sentir seguro, você gosta de um abraço forte e da firmeza do contato físico do parceiro. Você tem uma qualidade terrena que o faz gostar de manter o contato com a terra — gostar, por exemplo, de fazer amor na areia, no feno, no tapete ou até mesmo de pé para que possa sentir a terra sob os pés. Você raramente deixa de satisfazer totalmente as suas necessidades sexuais e as de seu parceiro. Se não tiver pretensão de ter filhos com seu parceiro, seu maior medo pode ser uma gravidez não desejada, e o medo de a camisinha arrebentar pode lhe trazer muita insegurança. Talvez seja necessário discutir controle de natalidade. Você pode ter a fantasia de ser uma modelo sexy com o melhor amante do mundo, que dedica todo o seu tempo a satisfazer suas necessidades, sem precisar trabalhar para viver!

AMIGOS

A lealdade é uma das qualidades que a energia do 4 influencia. Assim, prepare-se para trabalhar essa questão com os amigos. Você gosta das amizades sólidas e de cercar-se de amigos leais para ter a certeza de que estarão ao seu lado nos momentos difíceis da vida. É assim que se sente seguro. Lealdade para você significa ser honesto, ficar ao lado do amigo e tratá-lo com respeito. Talvez você conheça muitos de seus amigos desde pequeno, porque quando encontra um amigo leal você gosta de manter sua amizade.

Você leva muito tempo para fazer verdadeiras amizades mas, quando consegue, o vínculo está formado e a lealdade é a regra. Você é muito "preto-no-branco" e capaz de expulsar um amigo de sua vida se descobrir que ele foi desleal, mesmo que uma só vez. Por outro lado, se for desleal em relação a um amigo, deve estar preparado para arcar com as conseqüências. Sob a influência do 4, é provável que atravesse a vida com os mesmos amigos porque resiste à mudança, preferindo o demônio que conhece ao que não conhece. Às vezes a vida fica aborrecida — ir ao mesmo cinema, visitar os mesmos amigos — mas a rotina é a base da sua segurança.

Você faz qualquer coisa pelos verdadeiros amigos e os ajuda no que puder. Por exemplo: se um deles fica trancado fora de casa, você é capaz de atravessar a cidade para lhe levar uma cópia da chave, e se um outro está no meio de um relacionamento complicado, você se oferece para hospedá-lo. Mas você é estruturado, gosta de limites na vida e que seus amigos os respeitem. Às vezes você pode pressioná-los. Por exemplo: "Podemos almoçar das 11h26 às 12h48 porque tenho uma reunião às 12h50", ou "Não posso jogar basquete com você porque sempre jogo tênis às quartas à noite, e portanto a quarta-feira está fora de questão pelo resto da vida". Isso é que são limites! Às vezes você impõe tantas restrições que literalmente não sobra espaço para as amizades — nem para você — se desenvolverem, e seus amigos preferem desaparecer discretamente. É claro que você também não gosta que lhe imponham restrições, embora goste de rotina e de compartimentos para tudo e todos em sua vida.

Quando estiver desesperançado, preocupado com a própria sobrevivência ou se sentindo melancólico, seus amigos vão se fazer presentes. É claro que é essencial aprender a assumir responsabilidades e a contar sempre consigo mesmo. Mas saber que os amigos estarão ao seu lado quando precisar é muito reconfortante para você.

Quando você se sente seguro, a vida de seus amigos também melhora. Por exemplo: você herdou uma propriedade de um tio rico e a mantém como investimento para ter mais segurança financeira. Mas ela está sempre aberta para receber os amigos — o que pode ser a alegria dos que moram em outra cidade.

FAMÍLIA

Você, como ser humano, vive na sua própria casa, que é chamada de corpo físico. Se estiver à vontade dentro dele, relaxado e confortável em relação a ele, então ele será a base de sua segurança na vida. Você pode ter sido criado numa casa espaçosa, numa família rica, com todo o conforto material com que poderia sonhar, mas mesmo assim sentir-se inseguro, talvez dormindo com a lâmpada da cabeceira acesa. Ou pode ter sido criado com poucos bens materiais, e se sentir seguro e feliz na sua infância. Segurança é algo que vem de dentro, e sentir-se bem e seguro na infância forma as bases para o resto da sua vida.

É provável que você faça parte de uma família fortemente unida e que mantenha contato com todos os parentes e os visite sempre que possível — mesmo que estejam espalhados pelos quatro cantos do mundo. A lealdade pela família vem antes da lealdade pelos amigos (embora seus familiares costumem ser seus melhores amigos e seus amigos se tornem parte da família). Essa lealdade faz com que você cancele os compromissos de trabalho porque um primo resolveu ficar noivo de repente, e a doença de um parente tem prioridade sobre sua vida pessoal e sobre todos os seus compromissos. No seu caso, não ir a um batizado ou a um enterro pode ser uma ofensa imperdoável, e se você comete uma deslealdade com uma pessoa da família, ela será sempre lembrada.

Às vezes você acha que não gosta da vida familiar e que apenas a suporta, principalmente quando se sente sufocado pelo excesso de obrigações familiares. Mas como em geral seus parentes são seus amigos, eles percebem quando os encargos se tornam excessivos e procuram compartilhá-los com você. Por exemplo: oferecem-se para cuidar das crianças no fim de semana para que você possa tirar uma folga e dedicar mais tempo e atenção ao seu parceiro, ou contribuem para o supermercado se você estiver sem emprego ou com muitas bocas para alimentar. Se tiver bastante dinheiro, é bem possível que seus parentes tenham o hábito de lhe pedir ajuda, esperando que sua lealdade lhes garanta a segurança financeira. Neste caso, você pode optar por ajudar ou não.

Você é um sobrevivente e, no luxo ou na pobreza, toca a vida e faz o melhor que pode. Você minimiza os dramas familiares sendo prático, mantendo os pés firmes no chão e fazendo com que outras áreas da vida fiquem invulneráveis: no trabalho você trabalha, sua vida pessoal é pessoal e sua casa é para a família e para os amigos. Esses limites permitem que você vá trabalhar todos os dias, por mais conflitos que tenha em casa ou na vida pessoal, continuando no emprego sem se perturbar. Da mesma forma, você não costuma levar trabalho para casa (a menos que trabalhe em casa, e nesse caso em seu escritório só se fala de trabalho). Os limites o ajudam a administrar a vida familiar e fazem com que você se sinta mais seguro.

Uma de suas atividades prediletas é fazer a árvore genealógica da família e descobrir quem foram seus ancestrais, pois sabe que eles são a raiz e a base da família atual. O que você descobre sobre seus parentes e sobre os parentes de seu parceiro faz com que seus filhos, seus pais e outros membros da família se sintam mais próximos e ligados fisicamente uns aos outros.

RELAÇÕES PROFISSIONAIS

A influência do 4 faz com que você goste de trabalhar com amigos: é possível que abra uma empresa com eles, que vá trabalhar na empresa deles ou que os convide para trabalhar na sua. É com os amigos que você consegue trabalho. Mas também é capaz de fazer amizade com os colegas de trabalho, amizades que se tornam muito importantes para você. Quando você se sente à vontade com as pessoas de seu ambiente de trabalho, as coisas ficam mais relaxadas e o trabalho geralmente se torna mais prazeroso.

Você gosta de ser eficiente e leva a sério as responsabilidades de trabalho. Gosta também que todos cumpram suas tarefas e dêem conta das próprias responsabilidades. Seus colegas costumam sobrecarregar-lhe de trabalho quando estão com preguiça, pois sabem que você dá conta de tudo. E às vezes você aceita porque tem medo de perder o emprego, porque se sente inseguro, porque acha que vai conseguir alguma promoção ou outros benefícios financeiros ou porque quer mostrar ao patrão e aos colegas que pode arcar com essa responsabilidade. O que levamos no ombro fica mais pesado à medida que caminhamos, e você tende a assumir cada vez mais encargos, até que é obrigado a parar. Às vezes o emprego se transforma num teste de resistência e você exclama: "Será que agüento mais alguma coisa?" Mas seus amigos, como você, estão aprendendo a assumir responsabilidades. Por isso, se você der conta das próprias responsabilidades no trabalho, já é o suficiente.

A influência do 4 faz de você um trabalhador consciente, eficiente e organizado, que sabe reestruturar empresas ou sistemas que se tornam obsoletos. Você costuma ser chamado quando se trata de fazer mudanças básicas, e gosta muito de estabelecer diretrizes práticas para seus colegas, melhorando assim a vida de todos. Você sabe que quando as coisas correm bem no nível mais básico, tudo tem mais possibilidade de correr bem. Às vezes, quando ocorrem mudanças no trabalho — como por exemplo o amigo que é despedido —, a quebra na rotina o desestabiliza por algum tempo e provoca insegurança. Você resiste à mudança, mas ela é parte natural da vida e você precisa aprender a viver com ela. As mudanças no ambiente de trabalho fazem com que você finque ainda mais o pé para se manter no emprego: você penetra mais profundamente na terra para descobrir suas raízes e sua segurança.

Há no 4 um traço de irresponsabilidade que o influencia a fazer coisas totalmente inesperadas no trabalho. Por exemplo: esquecer de trancar a porta da rua ao sair por último, ou sair mais cedo sem avisar para se encontrar com o namorado, fazendo com que a empresa perca algum contrato ou algum negócio. Enfim: você não é perfeito e às vezes as pressões das responsabilidades o levam a agir de maneira estranha e inesperada.

Você pode ficar a vida inteira na mesma carreira ou no mesmo negócio porque, assim como no relacionamento com os amigos, você busca segurança a longo prazo. Está sempre imaginando maneiras de tornar seu futuro mais seguro, e isso inclui seu emprego e as pessoas com quem trabalha.

número 5

AMOR

Com a influência do 5 na vida amorosa você é adepto da mudança, e é de um momento para o outro que seu parceiro fica conhecendo seus inúmeros disfarces. Em alguns dias você está falador, brilhante e jovial, divertindo seu parceiro com as histórias de suas aventuras. À noite você pode estar quieto, atraente e sedutor, revelando-se num decote provocante ou em sua roupa mais sexy, enquanto suas palavras vão levando vocês dois para o quarto — para passarem a noite na sua casa ou na dele. Em outra ocasião, você se senta para almoçar usando a mais informal das roupas, sem maquiagem ou loção após barba, enquanto discute política com seu parceiro. Você é mutável como o vento, e precisa de um parceiro que se adapte à sua identidade sempre em mutação e que consiga conviver com seus diferentes "humores". Ele precisa ser flexível e estar preparado para ir à ópera, dançar ou passear à meia-noite no bosque, tudo de um momento para o outro.

Para seus parceiros (no plural, porque você vive a vida em tal ritmo que é conhecido por trocar de parceiro como quem troca de roupa), um dos maiores desafios é seu hábito de dizer "sim" quando quer dizer "não" e vice-versa. E às vezes não cumpre seus compromissos. Há encontros em que você aparece — geralmente atrasado — mas nada o impede de levantar e sair do restaurante para ir a outro lugar, mesmo sem ter terminado de comer. Mas sair com você tem uma vantagem: influenciados pelo mutável 5, seus parceiros vão aprender a viver o momento.

O 5 é cheio de vida e não gosta de deixar pedra sobre pedra. Você tem potencial para dizer em seu leito de morte: "Experimentei de tudo na vida." Não apenas experimentou, mas mergulhou de cabeça. Sim, você é um viajante e um aventureiro, e se tiver um parceiro que goste de *bungee jumping* (com os dois juntos num abraço) ou de atravessar correntezas agarrado a uma corda — legal. Você é ousado e geralmente se arrisca só pela emoção, para se sentir vivo. Seu parceiro pode ficar só olhando, mas é muito mais divertido quando os dois se arriscam juntos (principalmente na cama).

Enquanto muitos temem a mudança, lutam contra ela ou tentam evitá-la, o 5 a adora. Você adora a emoção de não saber o que vai encontrar depois da esquina ou que surpresas vão surgir em seu caminho. Se o seu parceiro do momento lhe compra um presente, você pede que ele deixe para dá-lo mais tarde, porque gosta de suspense — ou fica furioso se ele lhe disser o que é antes de você ter a chance de desfazer o pacote. Você gosta de surpreender as pessoas pela simples força de sua personalidade, e se a vida do seu novo parceiro estiver meio monótona, você é a pessoa certa para lhe dar uma boa sacudida.

Cada parceiro é para você uma verdadeira aventura: a maneira de ele falar, seu cheiro, seus maneirismos, a maneira de a cabeça dele funcionar, tudo nele o intriga. Você é intenso em sua atenção pelo parceiro, mas precisa haver mais do que boas maneiras na cama para mantê-lo interessado, pois o tédio é seu inimigo número 1. Às vezes você fica intenso demais e seu parceiro se afasta em busca de espaço — é atenção demais para ele! Você gosta que seu parceiro seja um pouco misterioso, um pouco diferente do resto: de preferência que seja excêntrico. Seus parceiros costumam ficar irremediavelmente hipnotizados por seu magnetismo sexual, pelo seu charme e por seu senso de humor contagiante, que os faz rir a noite inteira. Você é sagaz, brilhante e, se a ocasião for propícia, um ótimo papo.

O 5 em seu mapa faz com que você adore a liberdade de se expressar e o desafio de explorar ao máximo os relacionamentos e a vida. Se o seu parceiro tentar amarrá-lo a compromissos, sua tendência é terminar tudo ou arrumar a mala e sair viajando por meses a fio. Mas os relacionamentos a longo prazo também lhe agradam porque o parceiro pode lhe ensinar muito sobre a vida, especialmente se for inteligente. Você tende a escolher um parceiro que mantenha seu interesse, pois o mistério de nunca conhecê-lo completamente é para você como um novelo de lã para um gatinho. Se encontrar um parceiro absolutamente fascinante, que consiga prendê-lo, talvez comece a correr atrás dele! Na verdade, a dependência é outra qualidade influenciada pelo 5 — e esse parceiro pode se tornar o último de sua vida.

Sua inquietação é tanta que às vezes mal consegue ficar parado e, mesmo que tenha encontrado um parceiro fabuloso, a coceira que sente nos pés pode levar a melhor. A promiscuidade não deixa de ser uma solução, mas você vai se sentir mais realizado se aprender a se controlar e a viver totalmente o relacionamento em que está engajado no momento. Em outras ocasiões você se torna um flertador notório e se contém tanto que só se permite admirar seus possíveis amantes (totalmente vestidos) a distância. Ou pode se limitar a um só parceiro, mesmo que o amor não seja nenhuma maravilha — porque teme a mudança de evoluir.

Você é sensual é tem consciência do próprio corpo, anda de cabeça erguida e tem uma boa presença. Tem também traquejo social e seu parceiro pode levá-lo a qualquer lugar que sempre vai ter orgulho de você. A menos que beba demais ou exagere naquela mania de paquerar todo o mundo. Tentar ganhar o melhor amigo do seu parceiro pode provocar uma onda de emoção e adrenalina, mas pode também abusar da generosidade dele. Você gosta de dizer o que sente e seu parceiro costuma repreendê-lo por isso: neste caso, pense antes de falar para não entornar a carroça de maçãs e de verdades reveladoras. Às vezes você é ardiloso demais, mas o carma não perdoa e, para seu desgosto, você também pode se ver envolvido por um parceiro ardiloso.

Você quer saber tudo sobre seu parceiro e é tão curioso que pode fazer verdadeiros interrogatórios, tal é sua sede de conhecer as pessoas e a vida. Isso pode ser lisonjeiro por algum tempo, mas como as perguntas nunca terminam, acaba ficando cansativo. Em geral, você só se sente à vontade para lhe contar do que gosta depois de ele ter lhe contado a história de sua vida. Se achar que seu parceiro não corresponde ao retrato que faz de si mesmo, vai começar a sonegar informações, revelando só um pouquinho para provocá-lo. Você gosta do diálogo de mão dupla, mas gosta também de se comunicar de outras maneiras, sexualmente por exemplo.

De vez em quando, a influência do 5 o torna volátil em relação a seu parceiro, por causa da intensidade do relacionamento apaixonado ou porque se envolve tanto que se sente preso, sem saída. Mas sua intuição costuma conduzi-lo em situações difíceis dando indicações de como resolver as coisas, para que você consiga, por exemplo, continuar no relacionamento.

SEDUÇÃO, SEXO E ROMANCES

Um possível amante consegue seduzi-lo se lhe propiciar a aventura da sua vida: a) uma volta em seu veloz carro esporte à meia-noite, b) um safári, com direito a acampar no meio de animais perigosos e a fazer amor no calor da noite, ou c) uma volta na maior roda-gigante do mundo com ele a seu lado, num giro de 360 graus — e assim vai, de A a Z. Quando ele consegue pôr em movimento suas engrenagens mentais, você cai em seus braços. Inteligência e um grau universitário importante também costumam impressioná-lo, assim como um aristocrata com tempo e dinheiro para gastar (com você). Para seduzir um futuro amante você lhe dá atenção total, atendo-se a cada palavra que ele tenha para dizer.

Se tiver um relacionamento estável, um amante pode acrescentar uma centelha de excitação à sua vida, especialmente se não existir mais essa centelha no dia-a-dia com seu companheiro. Ou você procura um caso porque é arriscado, excitando-se com a possibilidade de ser pego. Se o seu parceiro tenta restringir sua liberdade com exigências, então um caso é uma maneira de *você* ter certeza de que ainda é livre e desimpedido. Além disso, o caso pode ser apenas uma grande aventura, que lhe traz o estímulo da mudança.

Como, na vida sexual, o elemento surpresa é um ótimo estimulante para você, encontrar um amante adaptável e aventureiro é essencial, enquanto um tipo quietinho está longe de ser seu ideal! Você adora provocar e ser sarcástico, e um de seus afrodisíacos favoritos é sua capacidade de contar piadas picantes e até de falar vulgaridades: às vezes adora ser vulgar e informal. Você gosta da espontaneidade e geralmente é desinibido, gostando de fazer sexo de todo jeito com seus parceiros. Gosta de chocar, e escorregar num tobogã, nu e com o parceiro a tiracolo, talvez seja o tipo de emoção que aprecia. Ou pode achar o maior barato fazer as sessenta e quatro posições do Kama Sutra na neve para uma platéia excitada, ou ser repreendido por um segurança por estar sem roupa. O 5 nunca se choca. Como é tão selvagem e aberto, às vezes você tem medo que tirem vantagem sexual de você, o que no extremo pode ser sua fantasia... Você adora experimentar: descobrir o que seu parceiro gosta pode ser a experiência de que precisa.

AMIGOS

Com o 5 no mapa, você vê todas as pessoas do mundo como amigos, porque todos fazem parte de sua aventura na vida e têm algo interessante para compartilhar com você. Mas quando descobre um amigo especial, essa amizade pode se extinguir rapidamente porque, com sua intensidade, quer descobrir tudo sobre ele e ficar com ele todos os minutos do dia. E depois de ter saciado sua necessidade, você parte para outra descoberta. Às vezes, um amigo recente, que você conhece apenas superficialmente, torna-se diferente a seus olhos semanas depois ou mais tarde na vida — mas só o fato de passar algum tempo com ele já o torna mais sábio. Obviamente, alguns de seus amigos podem não gostar de serem postos de lado de uma hora para outra, ao sabor de seus caprichos, sentindo-se explorados por essa sua atitude. Mas afinal você não é perfeito e, como todo o mundo, está aprendendo a viver por meio da experiência.

Apesar da inconstância de suas atitudes, há amigos que conseguem ficar do seu lado a vida inteira. Provavelmente sabem prender seu interesse ou têm uma atitude parecida com a sua, aproveitando a vida ao máximo e esforçando-se para tirar o máximo proveito de cada dia. Na verdade, você tem uma afinidade especial com esses "irmãos de sangue", pois vocês podem ser espontâneos uns com os outros e se sentem livres para explorar a vida.

Uma das experiências mais destrutivas que você pode ter é consumir drogas para alcançar estados alterados e experimentar aventuras de outro tipo. É possível que apele para as drogas quando achar que não existe mais a possibilidade de aventuras e que a vida é sempre igual. Existe a possibilidade de ficar viciado em drogas, aproximando-se então de quem possa sustentar esse vício. Mas quando perceber que essas pessoas não são tão legais, você vai partir para outra. Você pode também ficar viciado em álcool e querer que os amigos o acompanhem nessa emoção. A dependência é parte da vida, mas é perigosa. Seus amigos podem estimulá-lo a ficar dependente do riso ou de qualquer outra coisa mais positiva. Você acha que a vida é um jogo, e apesar de não ser do tipo que fica esperando que os amigos telefonem, seu telefone vive ocupado. Você levanta e sai para o mundo, vive a vida e corre seus riscos.

Às vezes, só às vezes, você gosta de tirar uma folga de tanto conversar, fazer novas amizades e encontrar pessoas. Nesses momentos, pede, por exemplo, que um dos amigos lhe faça uma massagem exótica. Mas não se nega a retribuir a gentileza e, sendo muito sensual e intuitivo, sabe exatamente onde colocar as mãos mesmo sem treinamento algum. Como se sente telepaticamente ligado aos amigos, costuma saber como eles gostam da massagem. É nesses momentos de quietude que você experimenta o máximo de clareza em relação à vida, quando está contemplando uma bela paisagem ou comendo melão num lugar calmo e iluminado — exatamente como você é às vezes.

Como raramente está disponível porque é tão requisitado, seus amigos podem achá-lo difícil. Mas quando se encontram, a vida deles se ilumina com sua maravilhosa leveza e com seu senso de diversão e excitação. Por outro lado, seus amigos contribuem para a riqueza de sua vida, compartilhando com você sua amizade.

FAMÍLIA

A vida é excitante e, quando não é, você fica inquieto e com vontade de cair no mundo. Por exemplo: quando criança você pode ter fugido de casa em busca de aventura, para chamar a atenção ou porque estava entediado com a rotina diária. Talvez fosse difícil agradá-lo, porque por mais amigos e parentes que tivesse à sua volta, estava sempre procurando emoção em outro lugar. Mas a inquietação e o tédio resultantes de sua necessidade insaciável de estímulo (mental e físico) é um de seus maiores desafios na vida.

Com o 5 no mapa, você é um comunicador e adora conversar alegremente com pessoas da família sobre o que está acontecendo no mundo, ou de ajudá-los a ter clareza sobre os próprios problemas. As pessoas de sua família costumam ajudá-lo a resolver suas dúvidas em relação a que caminho seguir e você, por sua vez, oferece a elas conselhos simples, do senso comum. Como é muito perspicaz e tem a capacidade de ver além das aparências, quando as pessoas de sua família precisam de orientação intuitiva, apelam para você. Quando algum parente está doente e precisa de um clima mais leve, você se dispõe até a cantar e dançar, se isso o trouxer de volta à vida. Nesse caso, é típico de você contar algumas de suas piadas indecorosas ou encher o ouvido do doente com uma sessão de cantoria, fazendo-o rachar de tanto rir — aliás, você pode ser cantor profissional.

Com a influência do 5 nas relações familiares, você é um pai maravilhoso porque tem mente brilhante, senso de humor e uma ligação sensual com a terra. Fica feliz ensinando os filhos a serem livres para se expressarem em todas as áreas da vida. As crianças gostam de você porque é divertido ficar em sua companhia e porque com você é fácil saber quando se passou dos limites.

Às vezes sua aversão ao compromisso pode ser destrutiva, limitando um relacionamento que poderia ser mais profundo ou mais longo se você firmasse os dois pés no chão. Mas isso não importa, se estiver tudo bem. Você gosta de vagar pelo mundo em busca de aventura sem levar o parceiro a tiracolo para experimentar sua liberdade. Se o seu parceiro tentar coibir seus movimentos ou quiser saber o que esteve fazendo na rua, esqueça. Por outro lado, é possível que aprenda a se sentir livre no compromisso com o parceiro, principalmente quando um respeita as necessidades do outro. Mas com o 5 no mapa você é imprevisível: manda fazer a roupa para o casamento mas no último minuto perde a coragem e não aparece no altar, ou adia o casamento para outra ocasião, quando estiver preparado para dar esse salto.

Com o 5, você vive uma vida excitante, cheia de ação, divertindo-se pelo mundo e comunicando-se com tudo e com todos no caminho. Você gosta de viajar com seu parceiro e com seus filhos, mas às vezes prefere fugir da vida em família e sair ao sabor do vento, que vai levá-lo para onde soprar. Assim, quando você sai em busca de mais uma aventura, as necessidades de sua família são negligenciadas.

RELAÇÕES PROFISSIONAIS

Como está aprendendo a se comunicar com as pessoas e com o mundo, é provável que trabalhe num ambiente que lhe permita ter contato com os outros, podendo assim explorar esse aspecto. Por exemplo: se trabalhar na área da comunicação, pode ganhar a vida falando com pessoas do mundo inteiro, pelo telefone, ao vivo ou pelo computador. Você é uma pessoa que gosta de pessoas. Até mesmo os trabalhos mais banais ficam mais fáceis se você tem a oportunidade de se comunicar com alguém enquanto os realiza. Como costuma se comunicar com clareza, ensinar seus colegas é uma coisa natural para você. Pode, por exemplo, ensiná-los a usar o computador ou a lidar com um cliente difícil, o que é sempre de grande utilidade.

Você tem o dom da percepção e sempre que vê alguma coisa funcionando mal por falta de comunicação, você interfere. Mas pode ser intrometido demais e interferir em situações em que não é bem-vindo, só porque acha que sabe o que precisa ser dito. Pode até piorar tudo ao comentar deliberadamente, em circunstâncias erradas, coisas ditas por colegas. Mas em geral você é uma pessoa positiva, podendo ser um mensageiro maravilhoso que transmite conhecimento ao mundo.

Às vezes você fala sem pensar e acaba pisando onde não deve ao falar do que precisa ser mantido em segredo. Se achar que deve mostrar os fatos como são para o benefício de todos, não vai pensar duas vezes antes de revelar um segredo profissional. As qualidades céticas e por vezes enganadoras que o 5 traz fazem com que seus colegas de trabalho sejam um pouco cautelosos com você. Mas deixam a cautela de lado quando você está num estado de espírito leve e bem-humorado.

Você aprende depressa e, mesmo quando conhece seu trabalho de trás para a frente, continua a investigar para descobrir novas dimensões: fica exultante quando descobre novas maneiras de fazer as coisas. Como adora a mudança, fazer a mesma coisa todo dia é muito tedioso, a menos que tenha outras pessoas para animá-lo. Com intuição forte e raciocínio científico, você gosta de buscar soluções e depois testar o resultado. Por exemplo: um colega de trabalho tenta vender-lhe um novo produto, mas você se recusa a comprá-lo antes de experimentar para ter certeza de que funciona.

Você pode ficar interrompendo o trabalho para ir ao bar — tomar café ou contar como foi sua aventura na madrugada — mas pode também trabalhar duro. Como adora sentir-se vivo, falar das novidades com seus amigos durante o trabalho pode ser um alívio para você. Quando fica impaciente com o trabalho e tem o impulso de largar tudo, um descanso de meia hora para se distrair com os amigos pode salvar o dia. O compromisso é um de seus principais desafios. Mas, se em sua vontade de mudar, ficar trocando de emprego a toda hora, pelo menos vai aprender um pouco mais sobre a vida e conhecer pessoas interessantes ao longo do caminho.

número 6

AMOR

Você gosta de poder escolher e, desde o primeiro encontro, quer sentir que tem o direito de decidir aonde vão, o que vão comer e assim por diante. Por exemplo: se o seu namorado reservou uma mesa no restaurante sem lhe dizer nada, você pode até acabar com o relacionamento, achando que ele está tentando decidir por você. No seu caso, escolher um parceiro é um verdadeiro desafio, tantos são os admiradores que, em fila, esperam que você caia em seus braços e em seu coração. E como você é idealista e tem em relação ao parceiro exigências e expectativas tão altas que chegam a ser irreais, a escolha costuma ser difícil. Às vezes você escolhe demais ou protela demais, avaliando tudo muito bem para se certificar de que fez a escolha certa ao embarcar naquele relacionamento. Mesmo depois de encontrar o parceiro ideal, precisa sentir que ele não é o único e que ainda há vários pretendentes à sua disposição caso você mude de idéia. Mas você deixa claro que seu parceiro é especial e que conquistou seu coração — e que tem consciência de que ele também o escolheu.

Como você é muito romântico, um passeio a dois pelo campo num carro conversível, com uma toalha xadrez, uma garrafa de vinho e uma cesta cheia de guloseimas, é a sua maneira preferida de passar a tarde. Você adora sentir na pele o calor do sol, e o calor do corpo de seu parceiro lhe dá segurança e conforto. Piqueniques e encontros românticos são sempre do seu agrado porque, para você, a proximidade emocional é tão importante quanto a proximidade sob os lençóis. Você enche a vida de abraços, beijos e muita afeição: um parceiro apressado que não tem tempo para o amor não agrada sua natureza sensível. Mas para quem tem a sorte de ficar em sua vida, está fora de questão xingar ou falar palavrões — ou qualquer outra vulgaridade — na sua frente.

Com o 6 no mapa, você gosta de ser amado e busca a ligação emocional mesmo em relacionamentos efêmeros. Assim, para você é essencial compartilhar sentimentos e sair algumas vezes com o novo namorado antes de deixar que ele se aproxime. Você gosta de se sentir bem em relação a si mesmo e gosta de estar atraente: cuida muito bem da aparência e espera que seu parceiro também tenha esse cuidado. Não é só diante de um novo namorado que você se esforça para estar impecável, mas em qualquer ocasião. Se o novo namorado aparece sempre desleixado nos encontros, você costuma seguir os próprios instintos e se afastar.

Suas ilusões de *glamour* (principalmente se você idealiza alguém perfeito) provavelmente não vão sobreviver a uma relação duradoura com alguém que se recusa a ficar à altura de seus padrões. E, como dizem, se você gosta de uma pessoa, pouco importa o que ela esteja vestindo, pois o que conta é o que ela é sob a roupa. Mas, carinhoso e atencioso que é, para você é o amor que importa no final das contas. É muito generoso, mas às vezes sufoca seu parceiro com excesso de amor, beijos e afeição. Gosta de cuidar dele e, logo que ele acorda, lá está você para agradá-lo.

Sendo generoso com seu parceiro, você se sente necessário, principalmente quando ele diz: "Como é que antes eu conseguia viver sem você?" E se você amá-lo, alimentá-lo e cuidar dele o tempo inteiro ele acaba se fazendo essa pergunta. Mas você pode ficar ressentido se achar que é o único a exercitar o músculo da generosidade enquanto seu parceiro só recebe. Mas o 6 está lhe ensinando a servir, provavelmente com a ajuda desse parceiro. Mas, num mundo ideal, talvez encontre alguém que também dedique todo o seu tempo a você.

Sob a influência do 6, você geralmente sucumbe ao coração e deixa a cabeça de lado. Assim, se não tiver a intenção de tomar a pílula do dia seguinte, dê uma boa olhada na situação antes de ir fundo demais. Você tende a se envolver na vida do parceiro e a assumir as responsabilidades dele — a ponto de se esquecer das suas. Talvez ele mesmo o envolva em suas questões, pois sabe que você é capaz de ter uma visão geral das situações, ajudando-o assim a resolvê-las. Como faz parte da vida dele, ao ajudá-lo a resolver essas situações, você estará transformando e resolvendo outras partes de si mesmo.

Você é, geralmente, uma pessoa "legal", e gosta de pensar que seu parceiro também o vê como uma boa pessoa. Assim, para parecer sempre um anjinho, você vai fazer o possível para que essa imagem não seja abalada. Mas cuidado para não exagerar e acabar se reprimindo: você costuma achar que ter raiva do parceiro é auto-indulgência e injusto com ele. Quando, por alguma razão, seu parceiro não age muito bem, você fica arrasado, pois como é uma pessoa muito boa, acha que todos devem ser bons com você! Mas ser bonzinho o tempo inteiro é uma atitude irreal que acaba criando expectativas altas demais em relação a você mesmo: é duro ser um "docinho de coco" o tempo inteiro. Uma pessoa real não pode viver o tempo inteiro com um sorriso no rosto, cheirando a rosas e com aparência impecável. Ficar relaxado diante do seu parceiro e conseguir expressar seus sentimentos profundos vai fazer com que você se abra para um espaço interior ainda mais cheio de amor. Sentindo-se à vontade e relaxado consigo mesmo, você vai impregnar também a vida do parceiro.

Sob a influência do 6, você adora o luxo. O parceiro ideal é aquele que pode levá-lo num cruzeiro de luxo, que lhe compre champanhe e caviar ou a melhor e mais deliciosa *lingerie* do mundo. Sensível às delícias sensuais, você gosta de ganhar uvas suculentas enquanto fica deitado num tapete macio, ou uma massagem interminável com óleo de jasmim. Você parece um gatinho, mas também gosta de cães e segue seus instintos animais quando quer para agradar. Por exemplo: veste roupas de seda suave ou de couro rústico, forra a cama com uma felpuda pele falsa ou põe um tapete convidativo no chão, ideal para fazerem amor.

Com o 6 em seu mapa, é possível que fique de coração partido pelo menos uma vez na vida, pois se apaixona com facilidade e é com abandono que se entrega ao amor. Mas, como adora estar apaixonado e adora amar, você vai escolher outra pessoa para compartilhar seu coração. Mas você também parte corações ao descartar pretendentes que o veneram e querem sua atenção. Como nem todos gostam de tanta competição, as cenas de ciúmes são inevitáveis. Mas você também sabe mostrar as garras, sendo venenosamente ciumento se for abandonado por outra pessoa.

SEDUÇÃO, SEXO E ROMANCES

Sensual e romântico, você é seduzido pelo forte desejo de um novo pretendente, mas também por sua atenção, pelos chocolates e flores ou pelos poemas românticos que recita (no primeiro encontro!). Você é incapaz de qualquer grosseria mas, para seu parceiro, um pouco de grosseria pode seduzi-lo (por mais ruborizado que fique). Você é arrebatado (literalmente) e gosta de receber montes de afeto e atenção. Com instintos aguçados, você sabe como se aproximar de um novo namorado, com o toque ou compartilhando sentimentos. Assim, ele vai se sentir aberto em relação a você — que poderá entrar em sua vida.

O 6 adora relacionamentos monogâmicos. Assim, se você tiver um caso, é provável que seja para se afastar do companheiro que não respeitou o compromisso. Quando fica magoado, mostra-se tão vingativo que seu parceiro pode pensar em mudar de casa ou de país só para escapar de você. Se ele for infiel, você vai no mínimo desfilar seu amante bem no seu nariz ou contar a ele todos os detalhes do seu caso. Por mais devotado que você seja ao seu companheiro, o *glamour* de um caso e a oportunidade de explorar seus instintos animais podem levar a melhor sobre suas tentativas de autolimitação.

Com a influência do 6 na vida sexual, você sabe que, se dominar demais seus instintos, vai acabar correndo atrás de paixão e prazer. Se na vida diária não há sexo nem paixão suficiente, ter mais de um parceiro (ao mesmo tempo) pode ser a solução. Mas, para você, um beijo às vezes basta — é seu afrodisíaco — e o ajuda a satisfazer os desejos de todo dia. Para você, fazer amor depois de um jantar romântico é o céu, principalmente se seu parceiro também for um sonhador. Você pode perfumar os lençóis ou enlouquecer com o cheiro natural do corpo dele. É possível que tenha a fantasia de ser um terapeuta sexual profissional. Você tem coração aberto, gosta de servir e é hábil nas técnicas amorosas. Mas às vezes fica tão obcecado por sexo e pela necessidade de satisfazer seus desejos que, por mais sexo que tenha, nunca é o suficiente. Neste caso, a solução é recorrer ao coração e ao amor.

AMIGOS

Com o 6 no mapa, você gosta de fazer coisas em grupo: o ideal é sair com um grupo de amigos para jantar, dançar ou bater papo. Um grupo é maior do que você e eu porque se estende à comunidade. Num grupo há todos os gostos e estilos e nele todos podem desempenhar sua função e ter seu lugar, pelo menos num mundo ideal. E tem uma coisa de bom: se alguém sai do grupo ou se três pessoas novas passam a fazer parte dele, não faz diferença nenhuma, na medida em que ele continua sendo um grupo. Você pode sair com o mesmo grupo durante anos, fazendo sempre a mesma coisa, e de repente uma pessoa nova chega e muda a dinâmica do grupo, levando-o a se afastar. Cada pessoa é única e é por isso que você acha tão gratificante fazer parte de um grupo, ou de vários grupos de amigos.

Você é atencioso, carinhoso e sua porta sempre está aberta para os amigos. Acolhe-os de bom grado e eles geralmente lhe são gratos. Como é bom ouvinte, os amigos o procuram quando estão com problemas: você é o verdadeiro conselheiro sentimental do grupo. É tão sensível que chega a sentir a dor e os problemas dos outros, mas fica aborrecido quando alguém fala sempre a mesma coisa. Sua necessidade de se sentir necessário é satisfeita quando você ajuda os outros. Mas não esqueça que ao servir os outros, eles também estão lhe prestando um serviço.

Às vezes, agindo sob a influência do 6, você sufoca os amigos com tanto amor e afeição, porque ama e quer que eles se sintam amados. Ou talvez os sufoque achando que assim eles vão amá-lo mais. Você é muito sensível e, quando se sente rejeitado pelos amigos, reage com comentários ou comportamentos sarcásticos para puni-los, tornando a vida difícil para todos. Você é muito deselegante quando quer, da mesma forma que sabe usar todo seu charme para acalmar um amigo que se zangou com você.

"Música é o alimento da vida" e da alma — com o 6 você gosta de ouvir música onde quer que esteja. Os pássaros também fazem música, assim como o mar e os golfinhos: todos os sons da natureza o alegram. Alguns de seus amigos compartilham, sem dúvida, desse entusiasmo. Talvez eles também sejam ligados em arte e moda, ou se interessem pela justiça e por assuntos legais. O 6 tem amor pela beleza e sabe ver beleza e sabedoria em todos os grupos de amigos. Talvez você goste de se destacar da multidão e vive se comparando com os amigos. Acha, por exemplo, que são mais elegantes, que têm uma voz melhor para cantar ou que são mais requisitados que você. Até que alguém lhe diga, por exemplo, que você sabe cozinhar melhor que eles. Cada um de seus amigos é único e especial à sua maneira, e isso inclui você. E são todas essas pessoas maravilhosas que formam o grupo.

FAMÍLIA

Talvez você espere que seu parceiro o mime porque foi mimado quando criança. Na verdade, é possível que seus pais tenham sido permissivos demais, tenham exagerado no amor ou feito com que se sentisse tão perfeito que passou a se achar "o melhor". Ou você foi o caçula — o bebê da família sempre é mimado — ou filho único, provocando ciúme em todos: ganhava sempre o maior pedaço de bolo de chocolate ou mais dinheiro como presente de aniversário. Mimado pela família, você espera que o resto do mundo faça o mesmo, mas vai ter uma surpresa.

Mas você é carinhoso, ama com generosidade e em geral sente compaixão pelas pessoas da família. Às vezes, profundamente satisfeito por estar apaixonado, você se sente tão sufocado pelas responsabilidades familiares que gostaria de se livrar delas para gozar a vida sem limitações. Você tende a se sentir culpado por não fazer o bastante pela família, mas lembre-se de que só dá para fazer o possível. Por outro lado, prolonga as discussões e as brigas falando do "que fizeram para você" e culpando os outros em vez de assumir a responsabilidade pela sua parte no problema. Nunca esquece uma injustiça que tenham feito com você porque gosta que a justiça seja feita. Mas se alguma pessoa da família tiver uma discussão com alguém de fora, você é o primeiro a defendê-la.

Com a influência do 6 no casamento, os filhos e os compromissos se tornam muito importantes — e você faz o possível para encontrar alguém disposto ao compromisso. Um de seus maiores desafios é amar alguém que se nega a se comprometer de verdade: casar, morar junto ou ter filhos com você. Mas isso pode ser simplesmente o reflexo de alguma qualidade sua.

Às vezes, nos compromissos, você pode agir como no sexo: prolonga as preliminares, aproveitando cada abraço e cada beijo antes do clímax. Você é um construtor de ninhos e gosta de dar amor e segurança emocional à família. Com tanto amor pela beleza, você vai encher a casa de cores e objetos bonitos. E é provável que crie uma verdadeira comunidade, pois gosta que todos os parentes o visitem com constância. Você gosta também de organizar eventos para a família e de ter um lugar na sociedade. Mas a família costuma exercer um papel tão importante na sua vida que você raramente tem tempo de conviver com outras pessoas.

A influência do 6 o torna romântico e sentimental em relação ao parceiro e à família. Você costuma guardar convites de festas antigas e seus álbuns de família estão sempre estourando de tantas fotos. É provável que ainda guarde o uniforme escolar dos filhos já adultos. Você é uma alma sensível e gosta de cultivar o passado.

RELAÇÕES PROFISSIONAIS

Você prefere atuar em equipe e se for o chefe dessa equipe espera que todos os seus membros sejam eficientes: não tolera que cinco pessoas trabalhem e uma fique sentada tomando café o dia inteiro. Gosta que todos saibam qual é sua função e a compreendam bem para que possam realizar suas tarefas. Na verdade, quando um colega não compreendeu direito o projeto em que estão trabalhando, você sabe explicar de outra perspectiva para que ele possa entender. Você é um administrador brilhante porque tem uma visão global do que precisa ser feito. Mesmo que não tenha o título de gerente, é tratado como tal porque assume essa posição sem pensar, ou é eleito para essa função pelas pessoas com quem trabalha.

Você convive bem com diferentes tipos de pessoas e se encaixa em diferentes grupos. Por exemplo: lida com os diretores, com os clientes e com os estagiários com a mesma facilidade com que lida com os amigos. O 6 o transforma num verdadeiro membro da comunidade, interessado no bem-estar de todos, sempre disposto a ajudar quando se trata, por exemplo, de levantar fundos para uma obra de caridade.

Seus colegas de trabalho gostam de você porque tem coração grande e disposição para ajudá-los quando vêm lhe pedir ajuda.

Com o 6 em seu mapa, você gosta de pertencer a uma equipe e de se destacar dentro dela, ganhando por exemplo um prêmio por bom desempenho na profissão. Mas, quando consegue, você tem tendência para se sentir culpado porque, como vencedor, percebe que o trabalho da equipe é que deveria ser reconhecido. Você já deve ter ouvido, por exemplo, um ganhador do Oscar dizer: "Este prêmio não pertence a mim. Pertence ao produtor, ao diretor e a todos que contribuíram para o sucesso deste filme." Você se identifica com esse comentário, que lhe parece muito justo, pois revela a importância que se dá à relação com a equipe.

Você é muito criativo, mas às vezes o padrão de perfeição que impõe a si mesmo indica que é emotivo em relação ao trabalho, buscando o apoio dos colegas quando um projeto ou idéia não funciona como tinha planejado. Nesses momentos, precisa de um abraço ou de um beijo dos colegas para se sentir reconfortado: um ambiente de trabalho sem tensões favorece sua felicidade e seu desempenho profissional. Você costuma ficar tão envolvido no trabalho que nem pára para comer e nem percebe que já passou da hora de ir para casa. Pode ser que se envolva tanto porque costuma se demorar em cada trabalho ou em cada projeto. Às vezes refaz várias vezes o mesmo trabalho, porque se perdeu ao realizá-lo ou porque quer atingir um bom resultado sem se sujeitar às pressões. Mas há ocasiões em que você demora para terminar um trabalho porque há muita coisa desviando sua atenção.

Você pode ser estilista famoso, músico, pintor, médico ou enfermeiro, mas o que realmente importa é poder contar com o apoio de uma equipe.

número 7

AMOR

Com a influência do 7 na vida amorosa, um de seus maiores desafios é superar a ilusão e a fantasia, saindo do mundo do faz-de-conta para encarar a realidade. Você tem uma imaginação incrível e tende a inventar histórias que simplesmente não existem ou, se existem, numa escala de um a dez ficam bem embaixo. Como tem outra vida se desenrolando na cabeça, você tende a confundir realidade e fantasia. Por exemplo: ao sair com o novo namorado, você dá às palavras dele mais significado do que teria sua tradução literal. "Gostaria de morar numa casa com tapete vermelho", diz ele. E você traduz: "Ele sabe que tenho um tapete vermelho em casa e quer morar comigo." Às vezes a interpretação está correta, mas você tem o dom de exagerar a verdade das situações, o que pode lhe custar muito sofrimento e mágoa. Mas, se já teve a oportunidade de trabalhar essa questão nos relacionamentos, tende a considerar os fatos antes de presumir qualquer coisa sobre as intenções do parceiro.

Com o 7, você é atraído por pessoas que lhe prometem a Lua, ou por pessoas famosas, que se destacam na multidão. Assim, sua imaginação pode correr solta, levando-o a imaginar histórias incomuns. Em certas situações, criar histórias e ter um sonho a ser perseguido ajuda a enfrentar a vida cotidiana no mundo real. Por exemplo: no caso da morte de uma pessoa próxima, ter um grande sonho e amar alguém capaz de levá-lo para fora do mundo vai ajudá-lo a superar esse período negro. É claro que no fim a dura realidade da vida o traz de volta para a Terra — geralmente com um baque.

Sua imaginação intensa pode ser atraente aos olhos de seu parceiro, pois essa característica tende a melhorar também a vida dele, particularmente no que se refere a sexo. Você sabe criar grandes ilusões a seu respeito e tende a contar inverdades para garantir a atenção do parceiro e fazê-lo gostar de você. Mas é você quem sai perdendo: se o seu desempenho na cama ou as suas qualificações não estiverem à altura do que deu a entender, seu namorado vai acabar perdendo o interesse, sentindo que está diante de um impostor ou de alguém que não é real. Com isso, pode aprender a ser mais objetivo, mas pode também partir para outra conquista, continuando o caminho em seu mundo de sonhos.

Sob a influência do 7, talvez você escolha alguém que possa amar a distância ou que só encontre de vez em quando: alguém que viva em outra parte da cidade ou que tenha a própria vida, em que sua participação seja pequena. A intimidade compartilhada ocasionalmente com alguém pode ser a dose máxima de realidade que você suporta. Com o 7 você é por natureza um solitário, que gosta da própria companhia e de fazer o que quer e quando quer — talvez seja autocentrado. Assim, com um parceiro meio período, você tem o espaço que precisa.

Uma outra maneira de evitar a realidade de um relacionamento é fugindo para a espiritualidade ou passar mais tempo lendo livros sobre filosofia e sobre a vida do que, por exemplo, entregando-se a prazeres primevos. Se o seu parceiro tiver os mesmos interesses, os dois ficarão felizes fazendo juntos suas viagens de introspecção e de desenvolvimento pessoal. Talvez ele se sinta estimulado por sua espiritualidade e tenha profundo interesse por filosofia, sentindo que com você vai conhecer os aspectos mais profundos da vida.

Com a influência do 7 você é incrivelmente sensível: às vezes se sente delicado como uma borboleta recém-nascida e tão vulnerável e transparente quanto suas asas sussurrantes. Para esconder essa vulnerabilidade, você projeta um ar de dureza, fingindo não se importar quando seu parceiro diz coisas que o magoam. Assim, você se protege, fugindo da dor emocional. Há quem ache que você não ama e nem liga para nada, mas isso é só uma atitude para mascarar sentimentos profundos que, em questões de amor, realmente tocam seu eu interior. Sua hipersensibilidade à vida gera discussões, porque você leva as coisas para o lado pessoal e é facilmente magoado. Quando quer, você é frio, calculista e venenoso em seus ataques verbais. Mas sua sensibilidade é também uma dádiva, que permite que perceba o que está acontecendo e reaja de acordo. Você é muito gentil em momentos de mais sensibilidade.

Você sonha muito, mas quando encontra a pessoa que procurava, põe sua mente forte e positiva a trabalhar para conquistá-la *très vite*! Tem a tendência a seguir a intuição para materializar o relacionamento que deseja, mas costuma levar muito tempo ponderando mentalmente antes de agir. Sua intuição é forte e você fica aborrecido quando a ignora e depois vê que estava correta, como no caso do namorado que não é exatamente o que esperava. O 7 tem expectativas muito altas e por isso você pode ficar muito tempo sem o conforto de um parceiro ao seu lado. "Por que vou me dar a esse trabalho se ele não é perfeito?" — enquanto isso o tempo passa e possíveis parceiros vão ficando pelo caminho. Você tem um quê de ingenuidade: se acha que encontrou o parceiro ideal mas depois tem um vislumbre da realidade, pode até destruir o relacionamento.

Às vezes você se sente torturado pela própria ingenuidade e desapontado por não ter percebido que ia sofrer uma decepção — e chega a se torturar por ter sido tão estúpido e ingênuo. Você é muito duro consigo mesmo e costuma se castigar quando erra em relação a alguém. Mas assim é a vida para o 7, até que você aprenda a confiar em si mesmo e compreenda que cada pessoa que atrai lhe ensina algum aspecto do amor e da vida. Às vezes sua vulnerabilidade e sua disposição a se dar duzentos por cento para o parceiro faz com que ele se sinta à vontade para tirar vantagem de você, tão aberto e ingênuo você é. Mas você também desperta nos outros o instinto de proteção. Seja como for, vivendo a vida como ela é, deixando que ela entre e confiando nela, você aprende a viver no mundo real e a enfrentar a realidade física.

Sob a influência do 7, é possível que você goste de pessoas de ambos os sexos, pois é um amante da natureza e gosta de vê-la refletida em todos os aspectos possíveis da sexualidade. Talvez namore pessoas dos dois sexos ao mesmo tempo para apreciar totalmente a natureza dentro de você, ou tenha um amante por vez para explorar profundamente a própria sexualidade. É possível que procure pessoas do mesmo sexo (se era heterossexual) ou do sexo oposto (se era homossexual) porque foi muito magoado por alguém do sexo que antes preferia. Mas o sexo pode não ter um papel tão importante para você, pois explorar a sexualidade envolve questões mais profundas e talvez infinitamente mais importantes do que as puramente físicas. A influência do 7 pode torná-lo sexista, sentindo-se preso ao papel que desempenha por ser de um ou do outro sexo, o que se reflete na roupa que usa ou na atitude em relação a seu parceiro e à vida. Mas a natureza — como a sexualidade — aprende a se equilibrar aceitando todas as possibilidades.

SEDUÇÃO, SEXO E ROMANCES

Sob a influência do 7, você pode seduzir um possível parceiro fazendo-se totalmente dele: expõe-se, por exemplo, para que ele se sinta bem-vindo. Mas pode também agir de maneira inocente para que seu novo amante o salve e proteja, levando-o a um local de descanso e diversão. É muito provocante e às vezes se insinua dizendo coisas inocentes para determinada pessoa, quando é o amigo dela que o interessa. E depois se pergunta por que aparecem tantos interessados quando você veste alguma roupa mais provocante. Quando está impaciente, é direto em suas técnicas de sedução e gosta de respostas imediatas, "preto-no-branco". Nesses momentos, um sim instantâneo é muito estimulante.

Você pode ter um caso para explorar algum aspecto da sexualidade ou porque seu companheiro frustrou suas expectativas no relacionamento, o que o leva a satisfazê-las em outra parte. Juntas, a vida sexual com o amante e a ligação espiritual com o companheiro podem satisfazer essas necessidades. Você pode inocentemente contar a seu companheiro sobre seu amante achando que ele vai entender, autocentrado que é. Um caso pode favorecer seu desenvolvimento pessoal se você priorizar seu mundo interior, ou pode ajudá-lo a acabar com as ilusões sobre a vida.

Com a influência do 7 na vida sexual você é muito exigente e suas expectativas são em geral tão altas que o celibato parece ser a melhor opção. É possível que goste apenas de sentir a energia sexual, em vez de fazer alguma coisa com ela. Mas, assim como a natureza, você gosta de se fundir a tudo, e a mágica do sexo com o amante ideal é uma possibilidade evidente. Sexo é uma maneira divertida de se sentir real, ligado ao parceiro e à vida. Mas seu senso de isolamento costuma criar problemas: quando está fazendo amor, seu amante pode entender seu jeito distante como rejeição ou como um sinal de que você não está interessado sexualmente nele. Um banho antes do sexo, de preferência com o parceiro, é um pré-requisito para o 7 — fica tudo cheio de vapor. É possível que goste de sentir dor física e que fique excitado com um parceiro rude, especialmente nas preliminares. Paradoxalmente, ser ferido pelo parceiro talvez seja seu maior medo. Seu afrodisíaco é a admiração, e talvez tenha a fantasia de fazer sexo grupal com estranhos que acabou de conhecer.

AMIGOS

Com a influência do 7 nas amizades, você gosta de ter alguns poucos amigos em vez de andar com um grupo grande. É possível que se sinta mais seguro com poucas pessoas, sentindo que pode se relacionar com elas. Num grupo grande é fácil perder o senso de identidade e se sentir isolado e excluído, pois é difícil se relacionar com todos ao mesmo tempo. Você tem tendência para se isolar, mas quando sente esse isolamento num grupo de amigos e conhecidos, é como se eles o estivessem excluindo, o que provavelmente não é verdade. Mas mesmo que ninguém o exclua do grupo nem de suas atividades, é isso o que você sente — porque é hipersensível e se magoa com facilidade.

Às vezes você fica desesperado, achando que não se encaixa na vida de nenhum amigo. Em certas situações e em certos momentos da vida, tende até a ter um complexo de inferioridade. Mas, quando se sente ligado a um amigo, a confiança em si mesmo é restaurada e você volta à vida. Sua mente é forte e positiva e você gosta de uma conversa direta consigo mesmo, especialmente nos momentos em que sente que está perdendo o pé na realidade.

Geralmente só deixa que se aproxime quem tem uma forte ligação, especialmente espiritual, com você. Pode ser alguém com quem você medite, faça ioga ou retiros espirituais. Você costuma ser muito exigente em relação a quem deixa entrar na sua casa, na sua vida e no seu espaço sagrado. Mas pode ser ingênuo e abrir demais a porta quando faz novas amizades. Gosta de compartilhar os sentimentos com os amigos, mas se eles traírem essa confiança, você pode se tornar cruel ou ainda mais introspectivo, evitando encarar a realidade. Às vezes você é introspectivo e sonhador demais. Mas, embora se sinta bem vagando pela imaginação, de vez em quando seus amigos o convencem a sair com eles, pois gostam da sua companhia. Um pouco de diversão e barulho costuma trazê-lo para a realidade física. Com a influência do 7, você tende a contar demais com os amigos, achando natural que façam tanto por você. Mas é raro que estejam à altura de suas expectativas, pois espera que a vida deles gire em torno da sua durante vinte e quatro horas do dia.

Seus amigos podem achá-lo muito implicante. Quando resolvem ir a um restaurante, por exemplo, você diz: "Esse é muito frio, aquele é muito barulhento, aquele outro é muito caro..." e assim vai. Às vezes você se afunda demais na realidade física e fica parecendo um desmancha-prazeres. É realmente sensível ao ambiente, mas precisa suportar certas coisas. Como nem sempre os amigos estão dispostos a satisfazer suas exigências, é bom aprender a arte da transigência. Mas você sabe ser polido e cortês quando quer e quando pensa nas necessidades dos outros e não apenas nas suas. O 7 o torna um anfitrião brilhante, com o dom de reunir as pessoas e programar uma noite perfeita.

FAMÍLIA

Com o 7 no mapa, é possível que seus pais estimulassem sua criatividade e imaginação, permitindo que fantasiasse livremente e tivesse sonhos grandiosos, que nem sempre conseguia realizar. Por exemplo: se você fantasiava ser o melhor bailarino do mundo, será que o levavam a aulas de balé? Mas, como adulto, geralmente você consegue o que quer — quando realmente quer — e portanto sabe que pode materializar seus sonhos por si mesmo. E é também uma maravilha quando do se trata de materializar os sonhos da família.

É possível que não veja seus pais e outros parentes com freqüência porque tende a se isolar em seu pequeno mundo. Gosta de ter espaço para ficar olhando o próprio umbigo e consegue se virar muito bem sozinho. As pessoas da família acham que você não precisa delas, pois é tão distante e vive tão bem sozinho. Você não gosta que os parentes se intrometam na vida do seu parceiro e de seus filhos — e muito menos na sua. Como é autocentrado, prefere escolher quando e onde quer vê-los — de acordo com as condições por você impostas, é claro. No entanto, tem uma atitude protetora em relação às pessoas da família e, em situações difíceis, faz com que se ajudem.

Num relacionamento estável, você precisa de espaço. Precisa de tempo — nem que seja de dez minutos por dia — para pensar, recarregar as energias e entrar em contato com o eu interior. Gosta de tarefas solitárias — como cuidar do jardim — para ter algum tempo consigo mesmo, principalmente se a família for grande. Se não ficar algum tempo sozinho, pode até ficar doente (com uma dor de cabeça, por exemplo) ou até mesmo inventar alguma queixa para conseguir mais espaço. Mas não esqueça que tem a mente muito poderosa: se pensar demais que precisa de espaço, vai acabar fazendo com que seu parceiro se afaste mais do que gostaria. Mas se há proximidade no relacionamento, seu companheiro percebe quando você precisa ficar sozinho.

A vida em família é um desafio para você, que chega a se sentir um estranho no meio da família, como se não pertencesse ao grupo. Quando sente que alguém da família não o respeita, você fica magoado e se afasta, mesmo que isso não seja totalmente verdade ou que seja fruto de sua imaginação. Em casos assim, você acaba rejeitando a família para se proteger da mágoa e da rejeição. Por outro lado, é o medo da rejeição que faz com que você fique de fora e se sinta isolado do grupo. Mas, como é ingênuo, crédulo e muito sensível, seu companheiro, seus pais e até mesmo seus filhos podem lhe dar a impressão de que você é o bode expiatório da família.

Com o 7 no mapa, você é um verdadeiro modelo para as pessoas da família: mostra a elas como se relacionarem espiritualmente e provê seu sustento material. Ao levar a você suas necessidades, sua família o ajuda: faz com que mantenha os pés no chão e não se perca dentro de si mesmo, sem pé na realidade.

RELAÇÕES PROFISSIONAIS

Com o 7 no mapa você é um solitário que gosta de trabalhar sozinho, para poder dosar o tempo que passa com os outros e porque é muito sensível. Caso trabalhe numa grande empresa, com muitas pessoas à sua volta, você precisa do próprio escritório ou de um canto que possa considerar seu. Durante as horas de trabalho você até consegue conversar com os colegas, mas no almoço e nos momentos de descanso você costuma ser visto sozinho, no restaurante ou em algum lugar quieto, contemplando ou lendo um livro. Assim, serve-lhe perfeitamente um trabalho de pesquisador, por exemplo, que exija um envolvimento tal que você nem perceba que os outros existem. Mas pode até ser um operador da bolsa de valores — neste caso, o alto nível de concentração exigido faz com que, apesar de estar cercado de outros operadores, cada qual viva isolado em seu mundo.

O 7 o torna uma pessoa altamente motivada, que gosta de tocar as coisas e de realizar seu trabalho e seus projetos.

Às vezes, pode ser fatal começar a sonhar durante a execução de um projeto importante ou perder o pé na realidade quando está prestes a fechar um negócio. Você tende a ficar em pânico quando as coisas dão certo e quando não dão, especialmente porque perde seu "centro" e suas referências, ficando com medo do que pode acontecer. Por exemplo: você pode entrar em pânico diante de uma promoção a diretor administrativo, pois apesar de muito competente, você nunca desempenhou essa função e sua imaginação viva evoca todos os medos do mundo. O sucesso costuma trazê-lo para o mundo real porque lhe dá mais responsabilidades. Mas você tende a buscar o apoio dos colegas, mesmo se for diretor administrativo, pois precisa saber que terá ajuda quando precisar.

Você tem múltiplos talentos e os colegas geralmente se inspiram em sua energia e em sua capacidade de trabalhar com tanta rapidez. Aprende depressa e pega todos os truques da profissão num instante, mas geralmente é meticuloso em relação aos detalhes: faz questão de pôr pingos em todos os *ii* e cortar todos os *tt*. Sob a influência do 7, você é capaz de motivar os colegas a trabalhar mais e melhor, talvez por ser um modelo para eles e talvez por lhes ensinar a usar a visualização criativa. Você fica tentado a trazer a espiritualidade para o local de trabalho e pode, eventualmente, organizar um grupo de meditação ou relaxamento para os colegas (coisas que você gosta de fazer em grupo).

O 7 o torna perfeccionista e você tende a irritar os colegas insistindo que façam as coisas da sua maneira ou assumindo parte do trabalho deles porque acha que pode fazê-lo com mais perfeição. Pode também irritá-los com seus comentários sobre a vida, provocando-os deliberadamente para fazê-los reagir. Mas tem tendência a reagir negativamente às críticas, mesmo que construtivas, e até mesmo ao menor comentário — você é hipersensível. Como é autocentrado e gosta de fazer tudo à sua maneira, você costuma se esquivar quando os colegas querem que você faça alguma coisa de determinada maneira, mesmo que essa maneira seja a melhor para todos, inclusive para você. Como toma as críticas pessoalmente, pode levar muito tempo para ter confiança no patrão, por exemplo, caso ele tenha criticado seu trabalho, mesmo que tenha sido para o seu bem.

número 8

AMOR

Com o 8 no mapa, você emana charme e carisma e, com tanta energia, a pessoa que você deseja costuma se lançar a seus pés. Você é capaz de enfeitiçar uma borboleta e tirar-lhe as asas sem que ela perceba, e certamente enfeitiça seu parceiro, levando-o a fazer coisas que ele antes considerava impossível — na cama ou fora dela. Talvez você ache que só jogou um pouco de fumaça nos olhos do parceiro, mas na verdade ele faz as coisas com os olhos bem abertos e focalizados em você! Mas nem se dê ao trabalho de apelar para esse charme todo em caso de necessidade, pois ele está sempre à mão, na ponta de seus dedos — e em todo o seu ser. É provável que seu parceiro faça de tudo por você porque está enfeitiçado, achando que é uma tremenda sorte estar em sua companhia. Todos esses elogios lhe subiram à cabeça? Pois é: o 8 é também muito convencido e cheio da própria importância — mas isso também pode ser estimulante para algumas pessoas.

Talvez escolha alguém que seja da sua linhagem, alguém que goste de se olhar no espelho o dia inteiro, com um toque de vaidade que deixa Casanova no chinelo. Ou alguém com quem possa andar de braços dados pelo mundo, sentindo-se o casal mais bonito, rico, bem-sucedido e — espera-se — feliz que existe. Mas, quando se trata de um romance de verdade, você tende a ficar inseguro porque, com um ego tão grande, vai ficar arrasado se for magoado por alguém que faz de você o que quer. Talvez seja seu carma, pois você também pode manipular seu parceiro e fazer dele o que bem entende. Mas, como tem consciência, já deve ter aprendido que a solução nem sempre é ferir deliberadamente quem zombou de você. Pelo contrário: isso pode até agravar ainda mais a situação. Sob a influência do 8, você gosta de caçar ou de ser caçado, principalmente no início do relacionamento. Mas mesmo depois continua a gostar da sensação da caçada: ser caçado lhe dá segurança porque é uma garantia de que você é querido — e caçar lhe dá o controle da situação. É claro que nem sempre você consegue o que quer, mas sempre consegue aquilo de que precisa. Há quem não goste de ser caçado o tempo inteiro, inclusive você. Às vezes você é passivo e às vezes assertivo em relação ao parceiro, uma mudança que pode se dar no decorrer de um dia e que exige alguém que seja adaptável a você. Esse comportamento provoca lutas por poder quando os dois tentam assumir o controle ao mesmo tempo. Por outro lado, quando os dois ficam passivos, o relacionamento adquire um tom totalmente diferente, bem mais delicado.

Sob a influência do 8, você também gosta que seu parceiro o controle (o que pode ser uma boa idéia, principalmente quando você está muito teimoso!), organizando o tempo que passam juntos. Se em outras áreas da vida você é obrigado a estar sempre no comando, obedecer ao parceiro de vez em quando é um descanso essencial. Você gosta que seu parceiro pague a conta quando saem juntos, mas sabendo que você também pode pagar. Por exemplo: você se oferece para pagar o jantar, mas fica feliz se ele acaba pagando. Dinheiro pode ser um ponto de conflito com seu parceiro, principalmente se ele gasta seu dinheiro como água e você se deixa ser controlado!

Em seus relacionamentos, você tem dificuldade de largar o controle e se divertir, em parte porque é muito responsável e tem de estar sempre à altura de sua reputação de pessoa bem-sucedida. E também porque às vezes lhe falta humor, pois você é sempre adulto e os adultos não saem por aí rindo à toa. Mas, se levar a vida (e você também) assim tão a sério, sem nunca aceitar uma brincadeira, seu parceiro vai ficar entediado, por mais bonito, rico e bem-sucedido que você seja. Na verdade, sendo assim tão pesado, o ideal é encontrar um parceiro com senso do ridículo. No seu caso, rir e aprender a relaxar com o parceiro ajuda a melhorar a qualidade de vida.

Você pode ser sério, mas quando aprende a relaxar, seus sentimentos ocultos de insegurança desaparecem um pouco e a pessoa adorável e romântica que se esconde sob sua pele consegue vir à tona. Para isso, vai precisar de lições de seu parceiro, mas certamente vai conseguir. O 8 adora lisonjas e um elogio no momento certo, como depois de ter sido especialmente romântico com seu parceiro, pode alimentar sua confiança e pô-lo na direção certa. Você também sabe ser lisonjeiro, só que acha muito mais fácil agradar o parceiro com presentes e flores do que dizer "eu te amo" ou ler poesia romântica, o que realmente não é sua praia. Seja como for, o relaxamento é fundamental: exercícios e sexo vão ajudá-lo a se soltar.

Com o 8 em seu mapa, é provável que tenha desenvolvido a técnica da força, particularmente por meio das experiências duras com que deve ter se defrontado. A vida deve ter-lhe dado um ás — *um* em termos numerológicos: com esses dois números, é a força que o ajuda a enfrentar as situações, inclusive nos relacionamentos. Talvez, cansado de ser forte, precise de um parceiro que seja um pilar de força ou pelo menos tão forte quanto você, pois assim vai precisar cuidar só de si mesmo. Uma pessoa frágil e fraca, ou que não tenha confiança na própria aparência (embora você enxergue sua beleza), também pode atraí-lo: vai ter a oportunidade de dividir sua força e torná-la forte também. Você adora fortalecer as pessoas e vê-las crescer de maneira positiva. E mesmo que seu parceiro vá embora depois de você tê-lo ajudado a descobrir a própria força, você fica alegre por ele ter se tornado uma pessoa mais feliz.

Como você é poderoso e enérgico, seu parceiro às vezes se sente diminuído diante de sua intransigência em relação ao que devem fazer juntos ou até mesmo em relação ao que ele deve vestir em sua companhia. Se continuar assim o tempo inteiro, vai acabar tendo problemas, e com tantos "você deve fazer isso, deve fazer aquilo" não sobra tempo para relaxar e ser espontâneo. Mas há um lado suave em sua natureza, e aprender a relaxar na vida a dois vai prolongar o relacionamento e ajudar a manter sua sanidade e a de seu parceiro.

Sob a influência do 8, você não tolera alguém que tente manipulá-lo ou que mostre sinais de possessividade. Ninguém é seu dono e embora tenha dado o coração a seu parceiro, sua alma não está à venda e não é negociável. Você pode ficar zangado e agressivo (e até mesmo violento) se achar que está sendo dominado ou perseguido por alguém de quem não consegue fugir. Mas isso é um caso extremo, que sugere ligações cármicas, vindas do passado ou de vidas passadas. Por exemplo: você fica tão perturbado com o fato de seu parceiro querer ser seu dono porque, na verdade, ele o comprou como escravo numa vida passada. Ou é você que age como dono dele, tentando manipular e controlar sua vida. Nos relacionamentos cármicos, cada um recebe o que deu.

SEDUÇÃO, SEXO E ROMANCES

O poder o excita. Assim, se alguém o convidar para um passeio em sua supermoto poderosa, dando-lhe a oportunidade de sentir no corpo a pulsação do poder da moto, você será facilmente persuadido. É claro que essa não é a única sensação física que você gosta de sentir, mas é uma boa preliminar. Sob a influência do 8 você é muito charmoso e provavelmente recebe propostas o tempo inteiro, mas se estiver cansado de frases feitas e papos muito diretos, a sutileza será um bom estimulante. Nesse caso, vai lhe agradar alguém que saiba manter o suspense ou que deixe tudo por sua conta. Você dá a impressão de ser um objeto sexual, mas alguém que enxerga além do seu charme pode conquistar seu coração, fazendo-o sentir que o sexo não é tudo e que o importante é conhecê-lo melhor.

Se tem um relacionamento estável, uma das razões que pode levá-lo a começar um caso é a sensação de estar sendo controlado pelo companheiro: para recuperar o controle de sua vida, tenta fazer alguma coisa que escape ao controle dele. Ou, se tiver um companheiro desatencioso e preocupado demais com coisas materiais, pode ser que encontre o amor com o amante ou tenha com ele uma ligação espiritual, que alivie as pressões materiais de seu relacionamento estável. O fracasso na relação com o companheiro ou com o amante pode ajudá-lo a iniciar uma busca espiritual e levá-lo para o interior de si mesmo.

Com um 8 no mapa, o sexo é um de seus assuntos prediletos, e embora seu afrodisíaco seja o dinheiro, o sexo vem logo em seguida, com ou sem preliminares. É uma maneira de você mostrar a seu parceiro quem é que manda quando o poder é disputado na cama. Para você, o tamanho (dos músculos) costuma determinar o grau de atração, mas se as formas não estiverem à altura de suas exigências, as roupas se tornam muito importantes. Fendas na saia, vestidos sexy e roupas justas que oferecem resistência contribuem para o suspense, e a *lingerie* vermelha ou preta cria antecipação e aguça o desejo. Você tende a exigir demais de si mesmo em termos de desempenho, não para agradar ao parceiro, mas sim para mostrar ao seu ego que você é demais. Você costuma gostar de brincadeiras de poder, como amarrar o parceiro pelas mãos (ou vice-versa), de usar brinquedos eróticos e de fantasias, como a de senhor e escravo. Perder o controle e ser dominado pode ser um de seus maiores medos.

AMIGOS

Com a influência do 8 você é seguro em relação a si mesmo, gosta de comandar a própria vida e de se firmar sobre os próprios pés. Seus amigos gostam dessa aparência de poder e desse seu ar de frieza e controle, que para eles parece real. Talvez você seja muito rico, muito bonito ou tenha muitas responsabilidades e muito poder externo, o que atrai os amigos — quem sabe sobra um pouco para eles!

Mas, se achar que não estão à sua altura, é pouco provável que lhes dê atenção, devido à própria insegurança e ao medo do fracasso, que projeta nos amigos (mesmo que estejam satisfeitos com a vida que têm). Como você acha que tem muito, é claro que teme perder tudo: a beleza, o charme, o dinheiro, o poder ou mesmo os amigos poderosos. É provável que trate os amigos como bens materiais ou conforme suas conveniências, ou que tente comprar sua amizade esbanjando dinheiro com eles. Nesse caso, vai acabar sentindo que eles lhe devem alguma coisa ou que você tem algum tipo de controle sobre eles. Mas as pessoas não gostam dessa manipulação e você vai se dar mal quando seus amigos começarem a se afastar em silêncio, saindo da sua vida pela porta dos fundos, possivelmente para sempre.

Sob a influência do 8, você acha que não precisa de ninguém e que seus amigos o atrapalham. Errado! Seus amigos o ajudam a manter o equilíbrio na vida, pois com tanta ênfase no sucesso você precisa ter a oportunidade de se divertir e de esquecer sua própria importância. Eles também o ajudam a desenvolver uma conexão espiritual consigo mesmo e com a vida, para que não fique isolado numa ilha. Se encontrar o eu interior, terá mais força e o sucesso lhe será ainda mais gratificante — e poderá então compartilhar esse sucesso com os amigos, fazendo-os também experimentar o poder. Quando aprender a respeitar a si mesmo, verá os amigos como iguais e passará a tratá-los com respeito, sejam eles quem forem. Com seu intelecto notável e o brilho do seu carisma, você tem tudo para atrair magneticamente muitos amigos. De eventos esportivos a cintilantes festas exclusivas, sua vida social é muito ativa. Aliás, você sempre se comporta como se estivesse numa situação de grande gala, mesmo que esteja passeando no campo com amigos ou fazendo um retiro espiritual, longe de qualquer pressão da sociedade.

Para os amigos você é um mistério, pois às vezes é ativo e ocupado, organizando programas em grupo, e às vezes é tão passivo que nem chega perto do telefone para ligar para eles. Mas é provável que já saibam disso e gostem dos dois extremos e de todos os tons intermediários. Quando quer ser gentil e sossegado, você telefona para pessoas que têm essas qualidades, fazendo o mesmo quando está se sentindo muito ativo.

FAMÍLIA

O 8 em seu mapa o torna teimoso, talvez por ter crescido em meio a uma guerra de vontades numa família de pessoas geniosas, ou porque só conseguia ganhar qualquer batalha quando era teimoso. Talvez fizesse cenas quando não conseguia o que queria, e talvez ainda faça. É provável que tenha sido cruel e autoritário com outras crianças da família ou então quietinho e manipulador, conseguindo o que queria sem apelar para a violência. E talvez ainda provoque brigas na família — para sair ganhando, é claro, pois perder não é com você.

Você é muito responsável, e se conseguir equilibrar seu lado passivo com seu lado ativo/assertivo, poderá criar, em relação à família, situações em que todos saiam ganhando. Quando as pessoas de sua família se encontram em dificuldades financeiras, você se apressa em ajudá-las, sabendo que sua recompensa é o sucesso delas, que lhe pagarão quando puderem. O 8 o ensina a se firmar sobre os próprios pés, mas às vezes você procura se aconselhar com a família sobre questões materiais e financeiras, para que continuem em ordem e bem administradas.

Sob a influência do 8, você gosta de sentir orgulho das pessoas da família e de suas realizações, mesmo que nunca tenham ganhado troféus. Seu companheiro e seus filhos encabeçam essa lista, assim como seus outros parentes. Você gosta de elogios e, quando é bem-sucedido, espera que toda a família comemore.

Ao escolher um companheiro, especialmente se for para fazer parte da família, você tende a procurar alguém que seja responsável e que possa tomar conta de si mesmo (e de seus filhos). Como é uma pessoa cosmopolita, é possível que procure alguém que tenha uma formação totalmente diferente da sua ou que seja de outro país. Como o 8 o torna inseguro, você tem o mau hábito de ficar testando a pessoa com quem sai pela primeira vez, para ver se é realmente esperta. Só que às vezes exagera nos testes e ela vai embora, cansada de suas brincadeiras. Mas você age assim porque se sente inseguro. Quando estiver seguro em relação ao novo parceiro e a si mesmo, vai começar a levar o relacionamento a sério e parar de brincar. Para você, escolher um companheiro é uma questão muito séria.

Sob a influência do 8, você pode deixar que a família o controle, entregando-lhe o poder. Assim, deixa que interfiram em sua vida, mesmo tendo um relacionamento estável. Seu companheiro pode ajudá-lo a largar mão desse apoio e a recuperar o controle mesmo que a vida pareça fugir dos trilhos. Assumindo o poder que tem, tomando as próprias decisões e contando mais consigo mesmo, você se sentirá novamente dono de seu destino. Com sua força interior você pode fazer de sua vida um sucesso, em vez de depender da força e do sucesso da família.

RELAÇÕES PROFISSIONAIS

Você é uma pessoa esperta e sagaz, e isso pode ajudá-lo no campo dos negócios (especialmente dos grandes negócios), pois você sabe tudo sobre esse mundo. Tem faro e talento para os negócios e para as finanças e sabe como cuidar de si mesmo em qualquer empresa. Mede o sucesso pelo que ganha, pelo carro que tem e coisas assim, mas para você sucesso significa também fazer um negócio que seja bom para os dois lados.

O sucesso no trabalho faz de você um profissional requisitado e um bom colega, pois traz sucesso para a vida de todos. No trabalho, seus compromissos têm prioridade sobre suas amizades: embora seu charme e magnetismo lhe proporcionem escolha na área das amizades, o trabalho geralmente vem primeiro. Mas você gosta de conversar com os colegas quando o assunto é trabalho, aproveitando a oportunidade para fazer alarde de suas conquistas ou para convencer possíveis clientes. Você sabe persuadir quando se trata de alguma coisa que realmente quer.

Mesmo no trabalho, o sexo continua sendo um de seus assuntos prediletos e, quando a pressão aumenta, você apela para as piadas ou até para uma discussão sobre o assunto na hora do almoço. Com a influência do 8, você tem capacidade para trabalhar duro e também para pegar pesado nas brincadeiras.

Você gosta de dinheiro, *status* e reconhecimento pelo trabalho bem-feito, além de gostar de liderar e de ter o controle. Seus colegas acham que você é uma força indomável porque às vezes só trabalha se for nos seus termos, mostrando uma atitude muito rígida e até mesmo tirânica. Se não for o patrão, você precisa ter alguma autoridade, e gosta de competir com os colegas, exceto quando isso leva a um embate de egos. Na verdade, você está sempre disposto a lutar por aquilo que quer e, se estiver atrás de uma promoção, chega a se afastar dos colegas que estejam em competição direta com você.

Às vezes, com medo de assumir o próprio poder, você chega a recusar uma promoção para se manter num papel mais modesto, com menos responsabilidades. O 8 tem um lado suave e gentil e pode ser muito espiritual. Neste caso, como consegue sucesso e reconhecimento com facilidade, você o divide discretamente com os colegas mais próximos, com alguns poucos amigos ou com a família.

Você é consciencioso e estável no trabalho, gosta de se vestir bem e de parecer sexy. O poder e a força realmente brilham através de sua confiança: você tem controle de si mesmo. Às vezes ostenta demais e chega a se exibir, mas em geral seus colegas gostam de sua atitude direta porque você parece à vontade sendo quem é. Você não tenta encobrir seus erros e às vezes até tem orgulho deles. Na verdade, no trabalho é um verdadeiro guia, ajudando a organizar e a melhorar a vida dos outros.

número 9

AMOR

Com o 9 em seu mapa, você gosta de agradar, mas gosta também que o agradem — para você essa questão tem mão dupla. Mas sua capacidade de dar é enorme, e como recompensa basta a satisfação de ver seu parceiro feliz e contente. É o traço de altruísmo que há em você que lhe permite ter essa atitude, que para outros parece um caminho de mão única. É que não percebem que ao dar você também recebe, tanta é a satisfação que sente. Mas é possível que tenha ou venha a ter um parceiro que goste dessa generosidade, cobrindo-o de amor e atenção. Às vezes você se torna auto-indulgente e mergulha no prazer — mas nada melhor do que mergulhar também no carinho do parceiro!

Geralmente generoso, quando é egoísta você sente que "alguma coisa não está certa". Mas de vez em quando é necessário ser egoísta. Por exemplo: se o seu parceiro começar a tirar vantagem de sua natureza generosa, um pouco de egoísmo vai mostrar a ele que você tem sentimentos e que também merece receber. Ele vai ficar surpreso ao perceber que precisa aprender a ser generoso (talvez seja para você lhe ensinar isso que estão juntos) e que também precisa se esforçar. De qualquer forma, para você é difícil ser egoísta por muito tempo.

O 9 faz de você um amante liberado e o ideal é ter um parceiro que se expresse livremente e que seja capaz de se adaptar, na cama e fora dela. Você gosta de ir acompanhado a galerias de arte, concertos, locais históricos ou a festas badaladas. Quer experimentar todos os caminhos da vida, adaptando-se a todas as pessoas que encontra. Na verdade, dá a impressão de ser um vira-casaca. Quando saem com outras pessoas, seu parceiro costuma ficar surpreso diante de aspectos seus que desconhecia totalmente. Isso é excitante, pois mesmo que morem juntos há muito tempo, você ainda o surpreende.

Você é capaz de assumir diferentes identidades na companhia de diferentes pessoas e de se adaptar a diferentes parceiros, mas às vezes tem essa atitude para não deixar o barco virar ou para que os outros gostem de você. Como é um mestre do disfarce, não vê nada demais em ser como seu parceiro quer — mas pode acabar se perdendo. Talvez fosse melhor imprimir a própria identidade no relacionamento, mesmo que isso desagrade o parceiro. Mas você gosta de agradar e acha que, adaptando-se às necessidades da pessoa que ama, ela vai ficar mais feliz e gostar ainda mais de você.

Com o 9 no mapa você é criativo, musical e também muito emotivo. Seu parceiro precisa ter muita flexibilidade quando você entra numa de suas crises de temperamento. Esses seus estados coléricos aparecem sem mais nem menos e logo desaparecem. Mas, sensível que é, você sente profundamente as coisas e vive interiormente o fogo da paixão — o que muito beneficia a vida sexual. Talvez os dois tenham paixão pela criatividade. Neste caso, podem se dedicar juntos à pintura ou organizar festas em que cada um toca um instrumento, para que os convidados se divirtam e dancem a noite inteira.

Às vezes, quando seu parceiro não corresponde às suas altas expectativas, você começa a criticá-lo e a chamar sua atenção. Mas em geral tem uma atitude descontraída e relaxada diante da vida e nem liga quando é criticado — ou muda de assunto com algum comentário sarcástico. Afinal, você não precisa das críticas de ninguém, pois já se critica bastante. Às vezes, vencido pela preguiça, passa o dia vestido de qualquer jeito — não se arruma nem para agradar o namorado. Se ele lhe pedir para se arrumar melhor, você até se esforça para satisfazê-lo, mas fica magoado por ele não aceitá-lo do jeito que é. Mas, para agradar e se sentir aceito, você acaba mudando seu jeito de se vestir, mesmo que isso o aborreça.

Satírico e espirituoso, você é capaz de divertir seu par durante horas com suas piadas inteligentes. Com a influência do 9 em sua vida, é possível que encontre alguém que seja intelectual, brilhante e que o ajude a manter a mente estimulada. Você tem uma visão sofisticada e o interesse por questões humanitárias encabeça sua lista de tópicos para discussão. Assim, sente-se atraído por pessoas que têm consciência e coração. Com tendência ao perfeccionismo, quer que seu parceiro seja polivalente, sejam quais forem suas aptidões reais. Você quer alguém que seja, por exemplo, bonito, gostoso, bom de cama, apaixonado, criativo, inteligente, interessado em política e religião, saudável e rico. E ainda critica seu parceiro quando descobre que ele preenche apenas dois ou três requisitos da lista, que cresce constantemente, com mais e mais exigências.

Sob a influência do 9, você é aberto à vida, gosta de vagar ao sabor do vento e aceita as coisas como elas são. Mas seu lado conservador (desenvolvido talvez pela criação que teve) impõe expectativas sobre como deve ser um relacionamento. Por exemplo: você está saindo com alguém há muito tempo e pensam em morar juntos, mas seu condicionamento de infância lhe diz que o casamento vem primeiro. Por mais liberado que você seja e por mais ultrapassada que seja essa visão tradicional e estreita, essa maneira de pensar continua a incomodá-lo. Você teme o julgamento dos outros e se vê num dilema moral ao tomar certas decisões, como a de viver junto com alguém sem assinar o papel. Mas o 9 é também incrivelmente rebelde e tem vontade forte. Assim, você acaba fazendo o que quer sem a bênção nem o consentimento moral de ninguém. Aprovem os outros ou não, você costuma trocar de parceiro conforme a sua conveniência, pois experimentar é a palavra de ordem. Às vezes, isso traz situações desconfortáveis, principalmente quando você escolhe a pessoa errada. Mas é claro que não existe certo nem errado: todas as pessoas que entram em sua vida aumentam o que você sabe sobre os relacionamentos e sobre a vida. Mas, se achar que está sendo descuidado demais quando sai por aí livre e desimpedido, lembre-se de ser mais criterioso e de refletir um pouco antes de mergulhar num relacionamento: isso vai facilitar sua vida. Sob a influência do 9, é possível que goste da idéia de se relacionar com o tipo "errado", mesmo que seja só para chocar as pessoas à sua volta. Brincalhão e com atitudes relaxadas, você tem um maravilhoso senso de humor que faz com que os outros enxerguem o lado divertido da vida.

SEDUÇÃO, SEXO E ROMANCES

Se em você o aspecto afetado e conservador da energia 9 é mais acentuado, seu namorado precisa primeiro fazê-lo rir, depois beber um pouco para relaxar e finalmente levá-lo para casa para massagear suas pobres costas doloridas. Como gosta de agradar, você aceita tudo com facilidade. Se é um amante liberado, sente-se arrebatado e cheio de desejo logo que põe os olhos em alguém que lhe interessa. E quem resiste a todo esse pique e às suas promessas de prazer (que certamente cumprirá mais tarde)? Mas você pode se interessar também por alguém que tenha uma cultura do tipo renascentista ou que tenha poder e uma posição social que o impressione.

Se o seu companheiro tiver expectativas muito altas a seu respeito ou começar a criticá-lo muito, é possível que se envolva com outra pessoa para fugir dessa pressão. E se achar que o relacionamento com seu companheiro está sufocando sua paixão e sua criatividade, vai sentir a necessidade de expressá-las em outra parte. É possível que um caso o ensine a aceitar as próprias imperfeições, especialmente se você é um moralista que vive conforme as regras. Como pode também ser totalmente egoísta, é capaz de ter vários casos sem se preocupar em ser discreto, esperando que seu companheiro compreenda tudo.

Sob a influência do 9, você vê a vida sexual como uma grande experiência e, com sua capacidade de adaptação e vontade de agradar, pode ser suave, divertido ou selvagem. Seu afrodisíaco pode ser alguém que use uniforme e o obrigue a ser sexualmente bem-comportado, embora goste também de orgias e festas malucas onde tudo pode acontecer. Você gosta de beijos profundos e as preliminares com vinho e mordidinhas podem assumir uma perspectiva muito diferente da tradicional. Como seu lema é "servir", talvez goste de se transformar numa prostituta ou cortesã em suas fantasias. Com gosto pelo poder e de natureza perfeccionista, é possível que procure alguém que seja o máximo em sua área: alguém que, se não tiver poder na cama, certamente o terá fora dela. Às vezes você fica com medo de não ter um bom desempenho e isso lhe traz preocupações em relação à vida sexual, mesmo que não sejam reais. O cérebro costuma ser mais importante que os músculos: você sempre gosta de sexo quando há uma forte ligação espiritual.

AMIGOS

Apaixonado pela vida, você adora sair e se divertir com os amigos — adora conviver com as pessoas. Barulhento e extrovertido, gosta de conhecer o lado selvagem da vida, indo por exemplo a um *show* de *strip-tease* com os amigos para passar uma noite divertida (nada parece chocá-lo). Em outros momentos é discreto e reservado, preferindo discutir atualidades ou espiritualidade com os amigos. Costuma ser socialmente muito requisitado, pois se dá bem com quase todo o mundo e é capaz de se adaptar.

O 9 faz com que você tenha uma alta opinião de si mesmo e se ache superior aos amigos por saber mais do que eles. Quer sempre ter razão e quando argumenta com suas certezas é duro discutir com você. Mas gosta de ser contestado pelos amigos, pois assim pode convencê-los e trazê-los para o seu lado. Assim se sente poderoso, embora seus argumentos sejam bastante mesquinhos às vezes. Mas pelo menos tem alguma coisa a dizer e vai forjando sua forte identidade em vez de concordar com os amigos em busca de aprovação. E isso o torna interessante para eles.

Com a influência do 9, você tem tendência para seguir as próprias crenças e temperar a conversa com muitos "achos" e "deves". Diz, por exemplo, a um amigo: "Acho que você deve trabalhar mais" ou "Tire essa roupa, não fica bem em você!" Às vezes você se enche de santimônia e começa a se comportar como um "beato", sentindo-se superior aos amigos, mas lembre-se de que eles não precisam pautar a vida pela sua nem ficar à altura de suas expectativas. Na verdade, às vezes você impõe suas opiniões aos amigos, dizendo-lhes sem sutilezas como devem viver. Nesses momentos, seu índice de popularidade costuma cair.

Carinhoso e generoso que é, ajudar os amigos faz parte de sua natureza. Mas cuidado para não exagerar e acabar ficando sem tempo nem energia para si mesmo. Por exemplo: você tem um estilo de vida agitado, mas está sempre disposto a largar tudo para ajudar os outros. Isso lhe dá muita satisfação, mas às vezes é necessário ser egoísta e dizer "agora não" para manter a sanidade. Se ficar exausto, não vai mais poder ser generoso. Por isso, pare, pense e faça o que for mais justo — assim vai agradar a todos.

O misticismo o agrada e você sente uma forte conexão psíquica com alguns amigos: sonha com eles ou tem premonições a respeito do que lhes vai acontecer. Gosta que seus amigos participem de suas experiências extra-sensoriais, principalmente se eles também tiverem alguma sensitividade. Mas, como o 9 lhe dá também um forte poder de discriminação, você é capaz de avaliar seus sentimentos mediúnicos e manter o pé na realidade.

FAMÍLIA

Com o 9 em seu mapa, é provável que você tenha sido educado para ser bonzinho e bem-comportado, especialmente diante de parentes. Mas é claro que nem sempre obedecia e acabava sendo castigado por ter saído da linha e ter sido rebelde. Esses castigos podem ter sido humilhantes: seus pais o puniam na frente de outras pessoas ou contavam a elas suas malcriações — ou você se sentia humilhado só de ser mandado para o quarto. Seja como for, depois do crime vinha o castigo e, quando sabia que tinha feito alguma coisa errada, tentava encobrir o fato (e talvez ainda o faça).

Mas você tem muita noção do que é bem aceito e do que não é, e age de acordo com isso diante da família. Por exemplo: quando você e seu parceiro são convidados para um reunião em família, você não gosta que ele vá sem sua permissão. Aliás, de vez em quando precisa da própria permissão para agir de uma determinada maneira ou para fazer coisas para si mesmo. Por exemplo: por mais que precise descansar do companheiro (e dos filhos), acha que é egoísmo tirar um fim de semana sozinho, mesmo que eles façam de tudo para você viajar. Neste caso você precisa conseguir a própria permissão. Com o 9, você tende a fazer o que é certo e não o que pedem seus instintos viscerais — o que pode gerar conflitos consigo mesmo e com a família.

Você pode exigir que seu companheiro e seus filhos fiquem à altura de suas altas expectativas e fica insatisfeito se isso não acontece. Por exemplo: se o seu parceiro se oferecer para passar a roupa, você vai querer que ela fique perfeita e dobrada do jeito certo. Em certos momentos você é muito duro, mas tem um lado carinhoso e sensível que lhe permite compreender que ninguém é perfeito — muito menos você, que às vezes é realmente impossível. Se conseguir relaxar e trazer um pouco da energia descuidada do 9 para a sua vida, vai deixar de lado as expectativas e viver uma vida mais feliz.

Como dá muita importância aos valores familiares, você os usa para julgar os outros, criticando quem não se comporta de acordo com eles. É bom que seu companheiro tenha valores semelhantes aos seus, embora uma pessoa de mente mais aberta possa ajudá-lo a ver a vida de maneira diferente, mesmo que isso provoque conflitos no relacionamento. Mas, em sua busca pela perfeição, é provável que escolha um parceiro com a mesma formação, a mesma religião e de preferência que tenha freqüentado a mesma escola: a inteligência e a educação são muito importantes para você. Com seus interesses humanitários, a preocupação com o bem-estar dos outros (e não apenas consigo mesmo) costuma ser também um pré-requisito.

Para o 9 ensinar é uma coisa natural. Assim, as pessoas de sua família geralmente se inspiram em seu senso de valor, em seus códigos morais e em sua atitude altruísta. Você lidera através do bom exemplo e segue seus instintos para saber o que é melhor para você e sua família: não faz questão de parecer politicamente correto nem de fazer sempre a coisa certa.

RELAÇÕES PROFISSIONAIS

Você é um líder nato e, mesmo que não goste, é muitas vezes chamado a usar esse dom — como gosta de agradar as pessoas, acaba aceitando. O exercício da liderança pode ajudá-lo a descobrir sua direção na vida, além de favorecer os que trabalham com você. Com a influência do 9 no trabalho, você costuma liderar também através do exemplo, impressionando os colegas com sua capacidade. Mas na convivência social (que geralmente tem um papel importante em seu trabalho), você se sente igual aos colegas: se for o patrão, insiste em ser chamado pelo primeiro nome. Na verdade, gosta de uma fofoca tanto quanto eles e detestaria ficar de fora por causa de sua posição.

Como precisa ter a aprovação dos colegas, às vezes finge concordar com a opinião deles. Sabe manter a boca fechada para se sentir aceito, mas cria problemas quando alguém passa dos limites ou discorda de suas sacrossantas opiniões. Mas em geral tem essa atitude porque acredita que seus métodos podem melhorar a vida de todos — você não age apenas em benefício próprio.

Sob a influência do 9, você gosta de justiça, de negócios limpos, de comportamento honesto, de pagamento justo — e está sempre disposto a defender os direitos dos colegas. Acredita em igualdade e gosta que todos sejam tratados da mesma maneira — não tolera que haja regras diferentes para diferentes pessoas. Usa suas fortes opiniões para que sua voz seja ouvida, e para que as vozes deles também sejam ouvidas. Mas, quando acha que não está sendo tratado com justiça, tende a estabelecer as próprias regras, fazendo-se notar por sua natureza rebelde. Mas mesmo quando trabalha quietinho, à sua maneira você é um revolucionário.

O 9 o torna religioso e você insiste em alardear sua religião, achando que seus colegas devem concordar com suas crenças. Na verdade, eles o respeitam por ser fiel a si mesmo e respeitar as normas da religião que escolheu. Mas cabe a você respeitar seus colegas aceitando-os como são — assim, a individualidade de todos será preservada, seja qual for a religião de cada um. Aprender um pouco sobre as diversas religiões — são todas muito interessantes — enriquece a vida de todos e amplia o amor que têm uns pelos outros e pela humanidade.

Como é aberto e afetuoso, todos se sentem bem em sua presença, mas cuidado para não relaxar demais, ficar conversando com todo o mundo e esquecer o trabalho. Para você é importante aprender o máximo possível sobre a alma e o coração humanos. Assim, numa carreira que favoreça o contato humano, você pode servir e satisfazer essa necessidade. Com o 9, quanto mais generoso for em relação aos outros, mais feliz ficará e melhor fará seu trabalho.

Capítulo 6

Calcule os Números da Comparação em seu Relacionamento

Depois de aprender a fazer o próprio mapa numerológico (ver páginas 28-33, Capítulo 4), você pode aprender a comparar seu mapa com o de outras pessoas. Não importa se a comparação é com sua irmã, seu amante, seu colega de trabalho ou seus filhos, pois em qualquer relacionamento o método é o mesmo. Ou seja: some seus números e os números da outra pessoa para chegar a um único dígito final. Depois, leia a respeito desse dígito no capítulo seguinte para descobrir os potenciais, os pontos fortes e os conflitos que existem entre você e a outra pessoa.

Você vai conhecer os vários aspectos de sua vida em comum. Por exemplo: se quer descobrir o potencial no nível prático, cotidiano, de seu relacionamento com a pessoa com quem mora ou trabalha, recorra aos Números da Personalidade, somando os seus aos da outra pessoa. Somados e transformados num único dígito, os Números de Caminhos da Vida indicam a ligação no nível da alma: a meta e o contexto mais amplo do relacionamento. Os Números do Carma ou da Sabedoria, somados, indicam qualidades que são trabalhadas no relacionamento devido a questões de vidas passadas — as interações cármicas. A soma dos Números da Meta, extraídos de seu primeiro nome e do primeiro nome da outra pessoa, indica a meta ou foco imediato do relacionamento. Finalmente, a soma dos Números do Ano Pessoal indica quais as experiências que ficarão em evidência num determinado ano.

Ao trabalhar com os Números do Ano Pessoal, lembre-se de que a cada aniversário esse número muda, alterando as questões ou experiências a serem trabalhadas. Por isso, o Número da Comparação de Anos Pessoais pode não durar um ano inteiro, a menos que vocês dois façam aniversário na mesma data.

Para comparar seu mapa ao mapa de pessoas da família, amigos e colegas de trabalho, lembre-se de somar todos os números para chegar a um dígito final entre 1 e 9. Siga o exemplo que se segue para calcular com facilidade esses números.

COMPARAÇÃO DE MAPAS

John Michael Brown, nascido a 31 de agosto de 1962 (31.8.62), e sua mulher Clare Angela Brown, nascida a 17 de novembro de 1967 (17.11.67).

Número da Personalidade de John: (31=) 4
Número da Personalidade de Clare: (17=) 8
Número da Comparação das Personalidades: 4+8 =12 = 3

Número de Caminhos da Vida de John: (57=12=) 3
Número de Caminhos da Vida de Clare: (51=) 6
Número da Comparação dos Caminhos da Vida: 3+6 = 9

Número do Carma de John: (79=16=) 7
Número do Carma de Clare: (70=) 7
Número da Comparação dos Carmas: 7+7 =14 = 5

Número da Meta de John: (20=) 2
Número da Meta de Clare: (21=) 3
Número da Comparação das Metas: 2+3 = 5

Número do Ano Pessoal de John em fevereiro de 1999: 4
Número do Ano Pessoal de Clare em fevereiro de 1999: 8
Número da Comparação dos Anos Pessoais: 4+8 =12 = 3

Agora, procure os números finais da comparação nas seções 1 a 9 do Capítulo 7, páginas 120-154, nos subtítulos correspondentes:

Comparação de Personalidades, Comparação de Caminhos da Vida, Comparação de Carmas, Comparação de Metas e Comparação de Anos Pessoais. Depois, procure formar um quadro geral desse relacionamento juntando os vários elementos e confiando no que revela a sua sabedoria interior. A numerologia traz consciência, e se você tiver consciência de todos os números que influenciam seus relacionamentos, vai realizar com mais facilidade o potencial de cada um deles.

CAPÍTULO 7

Compare seus Mapas

Comparação de Personalidades

NÚMERO 1 — COMPARAÇÃO DE PERSONALIDADES

Este relacionamento exige direcionamento e, seja com a família, amigos ou parceiro, as partes precisam ter em mente a mesma prioridade. Por exemplo: com o parceiro a prioridade é a formação de uma família, no trabalho é um determinado projeto, e assim vai. Se perderem de vista essa prioridade, os sentimentos reprimidos vão se acumular até provocar uma explosão de raiva, deixando vocês dois com menos direcionamento ainda. Nesse relacionamento há um aspecto de pioneirismo que favorece grandes realizações. É possível que ele favoreça o rompimento de alguns padrões de comportamento, para que vocês possam criar um tipo completamente novo de relacionamento. Assim, no nível cotidiano, ele parece ser um relacionamento destrutivo: vocês estão sempre discutindo, irritados um com o outro. Mas a destruição abre espaço para coisas novas.

Com o 1 como número da comparação, vocês são uma dupla dinâmica: energizam os outros com sua disposição e atraem muitas pessoas. Às vezes vocês se afastam do mundo e se agarram um ao outro em busca de intimidade. Nesse relacionamento a intimidade costuma ser um problema: pode ser, por exemplo, que um tenta se aproximar enquanto o outro se afasta. Pode ser que prefiram se manter distantes um do outro, mas se querem crescer é preciso que se abram, chegando aos poucos ao envolvimento total. A vida é um desafio mas, se perseguirem seus objetivos neste relacionamento, vão chegar mais longe do que imaginam.

NÚMERO 2 — COMPARAÇÃO DE PERSONALIDADES

A ligação emocional é o aspecto mais importante desse relacionamento: vocês precisam expressar o que sentem um pelo outro no dia-a-dia. A questão do apoio pode ser um problema, pois a tendência é um dar apoio enquanto o outro permanece dependente, ou vice-versa. Assim, é provável que você sinta falta de apoio, achando que um deveria apoiar o outro. Mas é possível também que seja superemotivo e espere que o outro apanhe os cacos e esteja sempre ali para ajudá-lo. Este número desafia e põe em evidência a capacidade de dar, de receber e de cooperar. Um pode ser muito intolerante em relação às necessidades do outro.

Com o 2 como Número da Comparação, a afeição é um aspecto importante do relacionamento. Os dois podem ser muito afetuosos, mas pode ser também que um esteja ensinando o outro — que tinha se fechado para o amor há muito tempo — a mostrar afeto. A influência do 2 acentua os aspectos maternais, indicando uma união em que os filhos são uma possibilidade. Nesse relacionamento, os dois precisam fazer coisas juntos. O 2 aquece qualquer relacionamento, mas se os dois estiverem isolados dos próprios sentimentos, vai ser difícil tocar a vida. Este Número da Comparação é uma vibração maravilhosa para namorados em geral, pois o 2 favorece o romance e um cotidiano cor-de-rosa.

NÚMERO 3 — COMPARAÇÃO DE PERSONALIDADES

Nesse relacionamento há necessidade de liberdade, e os problemas vêm das exigências que cada um faz em relação ao tempo do outro. Ou porque não concordam sobre o que devem fazer em determinados momentos. É provável que os dois sejam muito ativos: juntos ou separados, adoram praticar esportes, conviver e trabalhar — sem nunca deixar de se divertir. No entanto, às vezes são displicentes em relação à vida, pois estão aprendendo a relaxar: a ficar juntos sem precisar fazer coisas o tempo inteiro. Esse relacionamento os ajuda a desenvolver o senso de humor e vocês costumam levantar o astral um do outro quando as coisas ficam difíceis. Juntos, são muito divertidos — nos elogios que fazem um ao outro ou nas brincadeiras que estão sempre inventando.

É possível que o relacionamento fique no nível mais leve e superficial. Neste caso, o número 3 como Número da Comparação é bom para casos fortuitos ou para quem tem muitas amizades. Mas cuidado: quem é muito descuidado pode ter surpresas, como uma gravidez fora de hora. O Número 3 enfatiza as questões relativas à família. Pode ser que um queira se aprofundar mais enquanto o outro quer "deixar tudo numa boa". Nos relacionamentos amorosos, o 3 favorece a atividade sexual. Nas relações profissionais o número 3 torna incrivelmente criativo o trabalho que fazem juntos. Mas é possível que juntos tenham tendência à dispersão. Neste caso, é essencial que se esforcem para manter a atenção voltada para a meta. Seja qual for o tipo de relacionamento, com o 3 como Número da Comparação, a tendência é para exagerar nas coisas que fazem juntos.

NÚMERO 4 — COMPARAÇÃO DE PERSONALIDADES

Este relacionamento os ajuda a manter os pés no chão, pois o 4 é uma energia terrena. Mas se os dois forem pouco práticos, a jornada vai ser meio acidentada. No cotidiano, o 4 põe em evidência a necessidade de trabalhar para construir e manter o relacionamento — mesmo quando têm vontade de desistir, tantas são as dificuldades que precisam superar. Apesar da resistência a esse relacionamento, a energia 4 faz com que persistam, haja o que houver. Esse número favorece a disciplina e a estrutura, o que vai beneficiá-los se forem muito dispersos. Se não faz parte do mapa de nenhum dos dois, o 4 ajuda também a materializar o relacionamento na realidade física.

Com o 4 como Número da Comparação, é possível que introduzam rotinas no relacionamento para se sentirem seguros. Por exemplo: gostam de ir ao cinema no sábado, passear no domingo, comer fora na quarta-feira e assim vai, uma semana depois da outra. Mas o excesso de rotina e disciplina tende a estagnar o relacionamento. Neste caso, é essencial um pouco de paixão e romance — no caso de um relacionamento amoroso — ou uma modificação na rotina social — no caso de uma amizade. O 4 faz com que os problemas pareçam terrivelmente sérios porque vocês dois tendem a se atolar em pequenas coisas. Sob a influência do 4, é possível que o relacionamento se transforme num compromisso.

NÚMERO 5 — COMPARAÇÃO DE PERSONALIDADES

Com o 5 como Número da Comparação — com amigos, namorado, colegas ou pessoas da família — esteja preparado para surpresas, porque este relacionamento não deixa espaço para a monotonia. O número 5 é uma energia rápida que, queiram ou não, leva avante o relacionamento e prega sustos quando tudo parece perfeito. Essa incerteza dá brilho à vida amorosa e injeta emoção em qualquer relacionamento. Volátil, esse relacionamento vai deixá-lo alerta, sempre pronto a enfrentar suas constantes reviravoltas. Como nele tudo acontece depressa demais, você pode recuar, fugir ou simplesmente procrastinar. Por exemplo: no caso de um relacionamento com um novo namorado, o 5 pode fazer com que logo no primeiro encontro surja a proposta de morarem juntos! Mas se vocês gostam de uma vida agitada e rápida, esse relacionamento é o ideal para ambos.

Às vezes, sob a influência do 5, ficar junto já é um problema: se um está viajando pelo mundo e o outro está envolvido com a própria vida, é difícil estabelecer um ponto de encontro. Talvez os encontros sejam rápidos e cheios de surpresas: um aparece na casa do outro das maneiras mais inesperadas. Neste relacionamento a espontaneidade é muito importante, pois a monotonia leva à inquietação e faz com que os dois discutam e até se separem. Além disso, vocês estão aprendendo a se expressar, o que provavelmente vai ajudá-los.

NÚMERO 6 — COMPARAÇÃO DE PERSONALIDADES

A influência do 6 no dia-a-dia indica que Cupido — o deus do amor — está pedindo que abram o coração um para o outro. Vocês gostam de conviver com pessoas carinhosas e atenciosas e de compartilhar com todo o mundo essa vida boa. Mas o 6 também traz decepções porque os dois têm tendência para idealizar o relacionamento: vivem num ideal de *glamour* que mais cedo ou mais tarde acaba sendo abalado. Como o número 6 influencia o compromisso, num relacionamento amoroso o casamento e os filhos são possibilidades — mas também pontos problemáticos. Por exemplo: quem vai cuidar dos filhos e quem vai pagar as despesas? O 6 faz com que os dois trabalhem suas energias femininas, o que favorece o desenvolvimento dos instintos e da capacidade mediúnica.

Nesse relacionamento os dois são levados pelo coração e às vezes se envolvem em situações sem saída. Por exemplo: na relação com sua irmã que está se divorciando, você percebe que acabou se envolvendo demais nos problemas dela. Nesse relacionamento, um pode ficar obcecado pela vida do outro até que ninguém mais exista. Mas o 6 traz plenitude e permite que os dois descubram seu centro se observarem seus diferentes aspectos no contexto do relacionamento. Com esta energia confortável, vocês não fazem questão nenhuma de se apressar, mas de saboreá-la — e o próprio relacionamento avança preguiçoso como um riacho...

NÚMERO 7 — COMPARAÇÃO DE PERSONALIDADES

Você está empenhado em olhar os fatos que estão diante de seus olhos — e não flutuando na imaginação — para superar as próprias ilusões e expectativas a respeito desse relacionamento. Por exemplo: você pode desistir daquele amigo que não ligou quando você precisava. A influência do 7 vai ajudá-los a materializar o relacionamento, pois afinal vivem no mundo real. O 7 aponta também a fragilidade da relação: há excesso de sensibilidade entre os dois ou um dos dois se sente emocionalmente frágil. Como os dois se sentem abertos e vulneráveis, é preciso que estejam dispostos a se sentirem assim expostos —

se não, o relacionamento será demais para vocês. Pode ser que sintam a necessidade de se proteger ou de proteger um ao outro.

Mas o 7 desperta a sensibilidade e o respeito às necessidades e à fragilidade do outro dentro do relacionamento. É provável que os dois precisem de espaço para crescer e para "ser" — mas também da companhia um do outro. No dia-a-dia, o crescimento pessoal é favorecido pela introspecção e pela vontade que cada um tem de conhecer a si mesmo. Como o 7 traz uma energia espiritual muito forte, é provável que tenham uma forte ligação espiritual. Talvez os dois se interessem por filosofia e religião ou gostem de meditar juntos. Mas é possível que nem percebam essa ligação espiritual pois podem ser também muito materialistas!

NÚMERO 8 — COMPARAÇÃO DE PERSONALIDADES

Neste relacionamento, um estimula o outro a ser responsável e a se firmar sobre os próprios pés — além de um dar força ao outro na área financeira e material. O dinheiro é assunto constante: ou os dois têm e gastam muito dinheiro ou ficam discutindo quem paga o quê... Na verdade, numa relação de trabalho, falar de dinheiro é essencial. Mas se o 8 é o número do seu namoro, essa preocupação faz com que conversem a noite inteira em vez de se divertirem. Assim, a vida fica séria demais. Mas a energia 8 os leva também a enxergar outros valores na vida e a se ligar espiritualmente um ao outro.

O 8 traz força ao relacionamento, ajudando-os a serem fortes diante das situações da vida e um em relação ao outro. Às vezes, quando os dois são fortes e assertivos ao mesmo tempo, os egos tendem a se chocar: os dois querem ser o chefe, ter o controle ou dominar as situações que vivem juntos. É possível que sejam implicantes, teimosos e briguem por qualquer coisa — em que lado da torrada se passa a manteiga ou qual a melhor cadeira do escritório. A forte energia masculina do 8 favorece o desenvolvimento do intelecto e permite que alimentem o ego um do outro com carisma, charme e magnetismo sexual. Mas talvez não haja espaço para duas "estrelas" nesse relacionamento.

NÚMERO 9 — COMPARAÇÃO DE PERSONALIDADES

Nesse relacionamento os dois estão trabalhando para agradar um ao outro e para deixar de lado o egoísmo... Gostam de aprender e acumulam na mente o conhecimento que adquirem em cada relacionamento, de maneira que em outras situações podem recorrer a ele. Sob a influência do 9, um é o professor do outro. Mas um de vocês pode começar a ditar regras. Neste caso, o outro vai bater o pé e se rebelar, deixando claro que não gostou (quando alguém lhes diz para fazerem alguma coisa, vocês fazem exatamente o contrário). Em parte, vocês estão nesse relacionamento para aprender a amar um ao outro como são, pois têm expectativas muito grandes. Vocês têm tendência para criticar demais e julgar o comportamento um do outro, o que leva a crises e brigas. Neste relacionamento, tudo o que fazem está "certo ou errado", e o compromisso pode ser uma necessidade.

Num relacionamento de amor, o 9 traz calor e paixão e leva os dois a se liberarem sexualmente. Essa paixão pode transbordar para a criatividade e levá-los a pintar, a tocar um instrumento ou a estudar algum assunto apaixonante. A religião e a política têm um papel importante nesse relacionamento, pois os dois têm fortes crenças em relação à vida. Mas têm também capacidade de adaptação: se você é budista e tem um namorado judeu, é possível que trabalhem juntos essa questão. A igualdade é enfatizada nesse relacionamento e, se forem justos um com o outro, vão conseguir ficar juntos.

Comparação de Caminhos da Vida

NÚMERO 1 — COMPARAÇÃO DE CAMINHOS DA VIDA

Com o 1 como Número da Comparação, os dois parecem ser arrastados para a frente e, por mais que tentem dar uma direção ao relacionamento, ele parece ter vida própria. Mas é claro que podem escolher se querem ou não continuar no relacionamento. Às vezes ele se transforma numa guerra de vontades, mas no final vocês costumam ceder para continuarem juntos da melhor maneira possível. Na verdade, em certos momentos os dois se sentem levados pelo relacionamento e não vice-versa: têm a impressão de que se limitam a obedecer seu comando. Mas quando cada qual aceita sua liderança individual, alternando-se com o outro no comando, os dois voltam a "pilotar o navio".

Quando estão no comando, os dois parecem ser um par muito poderoso, mas de vez em quando surgem disputas pelo poder. Mas se tiverem propensão à dependência, o 1 vai fazer com que se tornem mais independentes e autoconfiantes. Por exemplo: numa relação de trabalho, vocês vão aprender a realizar suas tarefas sem depender um do outro. Se os dois já são pessoas independentes, o relacionamento ficará fortalecido. Essa independência faz com que os outros aprendam a viver e a trabalhar em conjunto, sem perder a capacidade de funcionar de maneira independente. Mas os dois podem muito bem aproveitar esse relacionamento e aprender com ele, pouco importando quem é dependente, quem é independente e quem está comandando.

NÚMERO 2 — COMPARAÇÃO DE CAMINHOS DA VIDA

Influenciados pelo 2, vocês estão aprendendo a encontrar o equilíbrio: na vida e um em relação ao outro. Os dois trazem qualidades diferentes ao relacionamento, e o equilíbrio que buscam influencia positivamente todas as outras áreas da vida. Nesse processo, conhecem as qualidades um do outro e depois aprendem a usá-las: é nesse sentido que as pessoas são espelhos. Talvez já sejam pessoas equilibradas que naturalmente levam os outros a se equilibrarem também. Em parte, os dois se atraem por causa da paz e da calma interior que irradiam. Mas, para que essa paz interior seja testada, são também atraídos pela confusão. Com a influência do 2, qualquer interferência tumultuada — como um vizinho barulhento — já é um grande desafio. Mas, desde que encontrem a paz interior, um vai ajudar o outro a permanecer calmo nessas situações — e essa paz pode irradiar até para o tal vizinho. Mas é bom observar que a desarmonia externa é quase sempre causada pela desarmonia interior. Se você vive envolvido em situações confusas, vá para dentro de si mesmo ou procure discutir os problemas do relacionamento: isso costuma acalmar o ambiente. A vida é um ato de equilíbrio, um processo que os dois vão aprender através desse relacionamento.

NÚMERO 3 — COMPARAÇÃO DE CAMINHOS DA VIDA

O 3 favorece a capacidade de simplesmente "ser" no contexto do relacionamento, uma capacidade que se aplica aos dois ou a cada um separadamente. Para isso, é necessário uma quietude que permita que o relacionamento "seja" da maneira que é: não tente modificá-lo, pois ele é como deve "ser", em todos os momentos. Qualquer relacionamento exige muita capacidade de dar, o que pode ser um verdadeiro desafio quando os dois o aceitam como ele é. Talvez um seja capaz de "ser" e o outro de "fazer", mas aprender a conviver com essas qualidades opostas é também um desafio. Quando a capacidade de fazer está em segundo plano, parece que nada acontece no relacionamento. Mas podem vir mais mudanças do ser do que do fazer, pois a capacidade de ser pressupõe espaço para as coisas fluírem. Juntos, vocês mostram aos outros que eles também podem simplesmente ser. Ser — simplesmente ser — é um estado de graça, que neste relacionamento significa que os dois conseguem viver juntos o momento.

O 3 enfatiza os elementos sociais do relacionamento e, quando convivem com outras pessoas, todos percebem que gostam da companhia um do outro e que passam muito tempo juntos. A vida social tende a tomar boa parte do tempo de vocês, mas pode também ser um problema, como no caso de um dos dois passar tempo demais em companhia de outras pessoas. Mas é provável que os dois juntos convivam com muitas pessoas, que têm interesses diferentes em áreas diversas, e provavelmente todas elas adoram conviver com vocês dois.

NÚMERO 4 — COMPARAÇÃO DE CAMINHOS DA VIDA

A influência do 4 traz questões relativas à responsabilidade pessoal, mas essa energia também os leva a serem responsáveis um pelo outro. Por exemplo: você espera que seu filho arrume sempre a própria cama — e depois arrume a sua também. Mas, embora essas tarefas sejam necessárias, cada um deve assumir a responsabilidade pela própria cama. Seu filho já enfrenta os desafios que deve enfrentar ao cuidar dos próprios afazeres: não precisa ser responsável pelos afazeres alheios. Sob a influência do 4, vocês gostam da responsabilidade e um costuma ser responsável pelo outro, o que de vez em quando é bom. Por exemplo: um dos dois falta ao trabalho porque está doente e o outro assume a responsabilidade pelas tarefas mais urgentes (depois de ter cuidado das suas, é claro). Mas assumir sempre a responsabilidade pelo outro impede que cada qual aprenda a assumir a responsabilidade por si mesmo, o que também faz parte do crescimento.

A responsabilidade pessoal, num relacionamento amoroso, pode levá-lo, por exemplo, a sentir que o parceiro não é responsável por sua satisfação sexual: que é sua a responsabilidade de estar receptivo à satisfação. Conscientes de que cada um contribui para criar o relacionamento, é provável que comecem a agir no sentido de melhorá-lo e de modificar aspectos de si mesmos. Essa atitude responsável e carinhosa que um tem em relação ao outro influencia positivamente as pessoas à sua volta.

NÚMERO 5 — COMPARAÇÃO DE CAMINHOS DA VIDA

Este relacionamento é um teste para a capacidade de se comunicarem um com o outro. Talvez os dois consigam se comunicar com facilidade e clareza em certos momentos e em relação a determinadas questões. Mas acham um verdadeiro desafio conversar sobre outros assuntos. Essa falha na comunicação pode vir da falta de clareza em relação ao que querem dizer um ao outro. Mas pode ser que achem que o que têm a dizer vai ferir o outro ou modificar o relacionamento de alguma forma. A comunicação ocorre em muitos níveis e de várias maneiras: através dos olhos, do contato físico, da linguagem do corpo, que é uma importante forma de comunicação, da telepatia, de cartas, faxes, e-mails... Até as roupas e as cores que usamos transmitem fortes mensagens para os outros. Por exemplo: para se encontrar com o namorado, você deixa de lado seu estilo informal e veste uma roupa especial, que transmite claros sinais sobre seu humor e suas intenções.

Quando estão confusos, vocês podem emitir sinais errados e até mesmo receber ou enviar mensagens ou sinais misturados. Nesses momentos, é possível que fiquem inseguros quanto à própria capacidade de se comunicar e até mesmo quanto ao relacionamento.

Sob a influência do 5, vocês são abertos e comunicativos um com o outro, fazendo com que os outros se sintam à vontade para se comunicar com vocês dois. Além disso, incentivados por sua habilidade para a comunicação, é possível que passem a se comunicar mais no contexto de seus relacionamentos. A comunicação faz o mundo girar. Assim, neste relacionamento, fique atento à sua comunicação com o mundo.

NÚMERO 6 — COMPARAÇÃO DE CAMINHOS DA VIDA

A influência do 6 no relacionamento põe em evidência a capacidade de servirem um ao outro. Servir não significa necessariamente fazer alguma coisa especial: o próprio relacionamento — e até um período de ausência — já é uma forma de servir. Por exemplo: você sai de férias por um mês, mas sua ausência lhes presta um serviço se estiverem precisando de uma pausa no relacionamento. Com o 6, vocês aprendem o que é melhor para ambos e para o grupo de pessoas que os cercam — amigos, namorados, pessoas da família e colegas de trabalho. Assim, não se limitam a pensar apenas nas próprias necessidades, o que talvez estejam inclinados a fazer.

Pensar um no outro favorece o crescimento pessoal e faz com que esqueçam de si mesmos. Mas quem dá demais de si mesmo e sempre serve o outro primeiro corre o risco de se anular. Servir envolve sacrifício e ensina muita coisa sobre a vida, mas o exagero costuma trazer ressentimentos. Em certos momentos fica difícil e doloroso servir, mas ao ver o resultado que beneficia a ambos, você vai deixar de lado os melindres pessoais para que o relacionamento cresça. Servindo um ao outro com prazer, incentivam os outros a servir seus amigos, namorados, pessoas da família, colegas de trabalho e a comunidade, como vocês costumam fazer. Se achar que alguém não está lhe prestando serviço algum, fique atento, pois talvez essa pessoa faça muito mais do que você imagina.

NÚMERO 7 — COMPARAÇÃO DE CAMINHOS DA VIDA

O 7 exige que os dois usem a introspecção na vida em comum. A introspecção — entrar em si mesmo — vai levá-los a lidar melhor com o relacionamento e a descobrir a própria verdade sobre os ensinamentos deste número. Mas, às vezes, um de vocês fica introspectivo demais e começa a passar mais tempo analisando a relação e resolvendo coisas mentalmente do que na companhia do outro. Em outros momentos, ignoram a necessidade de recolhimento para não enfrentar certas verdades. Se um for introspectivo demais e o outro de menos, o relacionamento vai ensiná-los a ser mais centrados em relação a esse ponto para que atinjam o equilíbrio.

Sob a influência do 7, vocês são influenciados pela intuição neste relacionamento. Por exemplo: é possível que percebam intuitivamente quando a introspecção é necessária e que se dêem o espaço necessário. Costumam também usar a intuição para se ajudarem, como no caso de um dos dois precisar de orientação num momento difícil. Às vezes ignoram a intuição mas depois percebem que o relacionamento fluiria muito melhor se tivessem confiado na própria verdade. Por exemplo: você se arrepende de não ter ouvido seu namorado quando ele disse que a fila do cinema ia estar muito grande... Juntos, vocês podem usar a intuição para ajudar outras pessoas. Através dessa ajuda, elas podem se dar conta do dom da intuição e podem se tornar um pouco mais introspectivas em relação à própria vida. Juntos, ensinam os outros a descobrir sua verdade interior — em relação a si mesmos e a seus relacionamentos.

NÚMERO 8 — COMPARAÇÃO DE CAMINHOS DA VIDA

Com a influência do 8 neste relacionamento, o carma — a lei segundo a qual recebemos conforme o que damos — desempenha um grande papel em suas interações. Talvez estejam envolvidos nesse relacionamento cármico porque ainda estão resolvendo questões do passado. Mas, através dele, continuam a criar o carma conjunto e também o carma pessoal de cada um. Por exemplo: quem é muito egoísta com os irmãos e as irmãs pode vir a ter um parceiro egoísta para que aprenda o que é ser obrigado a ceder. Se forem muito convencidos como casal, é possível que os outros os tratem superficialmente ou não reajam como vocês gostariam. Mas há o carma positivo: se fizeram alguma coisa maravilhosa por alguém, pode ser que este relacionamento seja a sua justa recompensa. É claro que não é necessário que façam uma coisa para conseguir outra (se agirem com essa intenção vão ficar surpresos com o resultado) — este relacionamento lhes dá o que precisam.

Sob a influência do 8 o carma é muito favorável: vai ensiná-los a assumir a responsabilidade pelo que criaram e a ter consciência das próprias ações e interações. Isso, por sua vez, faz com que os outros tomem consciência do próprio carma, percebendo que ele afeta o mundo em que vivem. Fiquem de bem com o carma e aprendam a aceitar este relacionamento — que vocês mesmos criaram — como uma recompensa. Assim, os dois vão avançar na vida.

NÚMERO 9 — COMPARAÇÃO DE CAMINHOS DA VIDA

O 9 lhes ensina o altruísmo: este relacionamento é uma das maneiras de aprenderem essa lição. Ele os desafia a dar sem nunca reclamar. Se não tiverem inclinação para a santidade (como a maioria das pessoas), vão compreender que dar de si pode ser muito difícil mas também muito gratificante. É provável que gostem de ver o outro feliz e com as necessidades satisfeitas. Altruísmo significa aprender a dar e a zelar para que as necessidades do outro também sejam satisfeitas. O altruísmo e o serviço andam de mãos dadas e, sob a influência do 9, pensar primeiro nos outros tende a se transformar numa forma de vida.

Através deste relacionamento, você podem aprender a ajudar desinteressadamente outras pessoas, ensinando-as assim a serem altruístas em sua própria vida. A influência do 9 traz também elementos espirituais para o relacionamento. É possível que os dois se sintam espiritualmente ligados à humanidade ou inspirados a servi-la. Mas precisam ser mais humildes quanto às expectativas que têm um em relação ao outro, pois elas costumam ser muito altas — lembrem-se de que cada um dá o que é humanamente possível. Há ocasiões em que o egoísmo interfere e provoca um desequilíbrio no relacionamento. Mas se um de vocês deu ou recebeu demais, um pouco de egoísmo pode até fazer com que as coisas se equilibrem por algum tempo. Sob a influência do 9, vocês sabem que os seres humanos têm uma enorme capacidade de dar e, ao agirem em conformidade com isso, espalham pelo mundo a alegria da generosidade e da inocência, através das pessoas que encontram.

Comparação de Carmas

NÚMERO 1 — CARMA

No passado (ou em vidas passadas), um pode ter destruído a maneira de o outro perceber a vida. Talvez isso continue a acontecer, ou talvez trabalhem no sentido de reconstruir um novo tipo de relacionamento. Mas é possível que tenham tentado — e ainda tentem — encontrar juntos um propósito na vida. Talvez tenham dúvidas em relação ao propósito desse relacionamento, sentindo-se inseguros em relação aos seus papéis individuais. Cada um tem seu propósito na vida, mas os relacionamentos também têm o seu. Às vezes esse propósito em comum se modifica. Por exemplo: antes tinham como propósito realizar um trabalho, mas agora o propósito é a criação dos filhos. Para que se aproximem desse propósito, é necessário ter consciência dele e redefini-lo se necessário.

O 1 no passado sugere que havia muita criatividade e energia voltadas para o avanço do relacionamento: é possível que tenham feito muitas conquistas juntos. Hoje, um ajuda o outro a se desenvolver, a descobrir seus talentos criativos, a trabalhar e a tocar a vida em comum. Cada um é criativo à sua maneira e pode ensinar ao outro seus talentos. Mas, se reprimirem por muito tempo a energia criativa, ela acaba provocando explosões emocionais e impedindo a realização do propósito comum. "Ao pensamento segue-se a energia", e utilizando a energia criativa que este relacionamento oferece, vão ter um forte sentimento de realização.

NÚMERO 2 — CARMA

O Carma número 2 indica que talvez estiveram juntos no passado (ou em vidas passadas) para desenvolver a sabedoria. Ganha-se sabedoria quando se experimenta a vida em primeira mão. Assim, é possível que tenham vivido um tal número de situações ou relacionamentos que se tornaram mais sábios em relação à vida. A sabedoria e a compaixão andam de mãos dadas porque quem compreende uma situação não fica zangado nem triste, mas com o coração aberto, cheio de amor e aceitação. Hoje, vocês estão aprendendo a usar a sabedoria para se ajudar. Numa amizade, se um não vê sabedoria no comportamento do outro, vai desafiá-lo. Se isso não funcionar, no futuro vão evitar esse tipo de reação.

A influência do 2 acentua a sensibilidade e vocês tendem a absorver os sentimentos um do outro, o que pode ser maravilhoso mas também um desafio. O fato de serem receptivos um ao outro favorece o crescimento, especialmente num relacionamento entre almas gêmeas. Os relacionamentos próximos com almas gêmeas — amigos, namorados ou parentes — tornam todos os outros relacionamentos pálidos e insignificantes, pois geralmente é neles que focalizamos nossa energia. No caso de vocês, que provavelmente têm um passado em comum, os vínculos ou conexões cármicas são tão fortes que às vezes se sentem manipulados pelo relacionamento que têm, tão poderoso ele é hoje. Mas ele é uma escolha de vocês, assim como a quantidade de tempo que passam juntos.

NÚMERO 3 — CARMA

Em vidas passadas, é provável que os dois estivessem envolvidos em alguma forma de misticismo. Por exemplo: podem ter sido monges budistas no mesmo mosteiro ou trabalhado juntos como mestres da cura. Hoje, sentem instintivamente uma forte ligação psíquica e têm vontade de usar seus dons extra-sensoriais um com o outro. Pode ser que nada façam além de discutir assuntos místicos, mas se trabalharem juntos é provável que usem esses dons para ajudar os outros. Se for um relacionamento de amor, é possível que gostem de rituais para melhorar a vida sexual, como por exemplo passar óleo ou ervas um no corpo do outro: seus instintos lhes ensinam o que fazer. Logo que se conheceram, podem ter tentado fugir, sentindo instintivamente que no passado a ligação não foi muito agradável. Mas este relacionamento, dure ele um dia ou a vida inteira, os ajuda a abandonar o passado para seguir em frente.

Sob a influência do 3, é como se vocês fossem a família um do outro, mesmo que não sejam parentes. Essa sensação vem das ligações passadas que criaram fortes vínculos cármicos. Hoje, pertencer a uma família pode ser um problema para os dois. Vocês têm a tendência a se criticarem demais e a se atormentarem por pequenas coisas. Às vezes, por causa desses vínculos tão fortes, sentem que precisam se libertar um do outro. Mas, mesmo assim, vocês se sentem tão à vontade um na companhia do outro que espalham essa alegria por onde passam. O 3 acentua também a necessidade da expressão pessoal, e um pode ajudar o outro a desenvolver esse dom.

NÚMERO 4 — CARMA

O 4 indica que em vidas passadas podem ter construído muitas coisas juntos — uma casa, uma família, um negócio ou até mesmo um império. É possível que tenham trabalhado para manter a lei e a ordem, na própria vida ou em benefício dos outros. Construir e estabelecer uma nova ordem pode ser exaustivo e talvez hoje trabalhem para concluir o processo de construção iniciado no passado. Por exemplo: hoje, podem estar empenhados em construir um lar sólido para os dois, preparando-se para enfrentar juntos o futuro. Isso pode ser um desafio, principalmente se ficam parando a cada estágio do processo de construção. É provável que sintam vontade de largar tudo, porque às vezes é duro demais agüentar esse relacionamento. Mas o importante é o processo de construção e a cada estágio seus pés ficam um pouco mais firmes no chão, o que ajuda a solidificar o relacionamento.

É possível que no passado tenham lutado juntos pela sobrevivência, sem um lugar para morar e sem ter o que comer. Ou que tenham trabalhado juntos por uma remuneração muito pequena — ou ficado sem trabalho. Pode ser que ainda lutem — mesmo com uma boa situação financeira ou com salários razoáveis — porque lembram do passado. Mas mesmo hoje podem surgir problemas relativos à sobrevivência. Neste caso, assumir a responsabilidade por si mesmo ajuda a melhorar a situação.

NÚMERO 5 — CARMA

A influência do 5 no relacionamento indica que no passado os dois podem ter sido dependentes um do outro ou de sua vida em comum. Por exemplo: talvez fossem dependentes da riqueza, da diversão, do álcool ou do sexo — ou pensassem obsessivamente no relacionamento. Hoje, é possível que estejam trabalhando para curar esse padrão de dependência. Mas se já estiverem livres dele, a tendência é para atrair pessoas dependentes para que possam ajudá-las com o conhecimento interior que adquiriram no passado. Estão aprendendo também a ter uma mente positiva e uma visão positiva no relacionamento. Assim, quando um de vocês fica deprimido, o outro tem condições de ajudá-lo a ver novamente a luz do sol trazendo uma centelha de positividade.

No passado, os dois podem ter se esforçado muito para conseguir ver o relacionamento e a vida de maneira lógica. Por exemplo: por que seu parceiro foi embora bem quando você tinha acabado de ter um bebê, se tinham saúde, emprego, dinheiro e uma casa? Parece ilógico. Hoje, se enfrentarem os fatos neste relacionamento, podem levar uma vida cheia de clareza. Trabalhando a realidade de cada situação e mantendo a lógica em relação ao relacionamento, poderão viver, trabalhar e se divertir de maneira mais harmoniosa. Sob a influência do 5, os dois podem ser também muito lógicos e factuais, usando esses dons para ajudar outras pessoas que estejam precisando de conselhos objetivos. Às vezes falta senso comum a vocês dois, mas geralmente é o senso comum que governa sua vida e seu relacionamento.

NÚMERO 6 — CARMA

Em vidas passadas, podem ter se envolvido juntos em disputas legais — de terras ou pela custódia dos filhos, por exemplo. É possível também que tenham trabalhado juntos para que a justiça fosse feita no círculo de amigos, na família ou na comunidade. Hoje, podem ser meticulosos no que diz respeito à justiça no contexto do relacionamento. Por exemplo: se forem sócios em algum negócio, fazem questão de dividir com justiça o número de horas que trabalham, o investimento e os rendimentos. É claro que podem surgir problemas, principalmente quando um de vocês contribui menos para o relacionamento mas quer ser mais recompensado.

Como o 6 acentua o interesse pela justiça, os dois estão sempre avaliando um ao outro e as situações que vivem juntos. Mas costumam ter uma atitude muito "preto-no-branco" em relação à justiça, deixando de ver todas as escolhas envolvidas. Há questões subjetivas que é impossível medir, que só dá para avaliar instintivamente — como, por exemplo, saber se sua mãe ama mais você ou sua irmã. Além disso, é possível que aplique a justiça com base em seus sentimentos, que nem sempre estão corretos. A vida não é "preto-no-branco": vocês dois estão descobrindo juntos a área nebulosa da justiça. Na verdade, qualquer escolha que fizerem juntos trará ensinamentos sobre a justiça, porque as pessoas que os cercam vão logo deixar claro se vocês estão ou não sendo justos.

NÚMERO 7 — CARMA

Com esse carma, podem ter sido príncipes ou princesas em vidas passadas e vivido num mundo distante da vida comum — e talvez ainda pensem como a nobreza. Esse é um problema possível desse relacionamento, especialmente se um de vocês se recusa a viver de acordo com os próprios recursos ou se acha que o outro deve se curvar diante dele. Na vida real, seu príncipe pode se transformar em sapo e deixá-lo desolado ou com a sensação de ter sido logrado. É possível que os dois vivam com a cabeça nas nuvens ou cercados de pessoas que os tratam como se fossem "especiais". Mas é provável também que tenham sido freiras, padres, profetas ou sábios, com extraordinários poderes de percepção, que ainda hoje usam para ajudar um ao outro. Mas, mesmo que não tivessem uma função específica no passado, devem ter trabalhado juntos no sentido de desenvolver a sensitividade.

Hoje, continuam a desenvolver a sensitividade um em relação ao outro, aprendendo a perceber as necessidades do outro e a terem apreço um pelo outro. É claro que às vezes os dois são sensitivos demais, mas isso é na verdade um dom — que vocês podem passar para outras pessoas. O 7 lhes dá consciência dos elementos espirituais do relacionamento, mas em certos momentos um não é sensível ao interesse espiritual do outro, apesar da profunda ligação espiritual que vem do passado. Como a energia 7 acentua o talento, vocês dois podem contar com os próprios dons — para usar no relacionamento e para ajudar os outros.

NÚMERO 8 — CARMA

Este é um dos relacionamentos cármicos mais fortes que existem. Se o 8 influencia seu passado comum, estão colhendo agora as recompensas pelas ações e intenções do passado. Estão também criando juntos o carma para o futuro, mesmo que então estejam separados. Apesar desses vínculos cármicos evidentes, vocês podem escolher se querem ou não continuar o relacionamento — a menos que ele faça parte do destino (como é o caso de certas coisas na vida). Mas esse relacionamento é poderoso e pode lhes ensinar muitas coisas sobre vocês mesmos e sobre a vida.

Sob a influência do 8, é possível que o poder seja um problema. Por exemplo: de vez em quando parece que o relacionamento tem algum poder sobre vocês e que está fora de seu controle consciente. De certa forma é verdade, pois é o destino que dá a última carta. Às vezes, vocês disputam o poder entre si, especialmente em relação a dinheiro ou ao controle das situações. Talvez, por falta de afirmação, preferiram deixar o poder para o outro. Mas podem também aumentar o poder um do outro para serem quem são e para terem sucesso na vida — e juntos levam as outras pessoas a fazer o mesmo. Os dois têm prazer em ser uma autoridade na própria área, o que gera conflitos ocasionais em relacionamentos de trabalho. Mas sabendo que a autoridade traz responsabilidades e disposto a assumir a responsabilidade pelo próprio dom, você percebe que basta seu colega fazer o mesmo. Nesse relacionamento, se respeitarem a autoridade um do outro, vão ensinar os outros a respeitá-los também.

NÚMERO 9 — CARMA

Em vidas passadas, vocês podem ter sido professores, artistas, músicos, líderes religiosos ou políticos — sempre envolvidos juntos na educação dos outros. É possível também que fossem mestres espirituais. Hoje, é provável que trabalhem em qualquer uma dessas áreas, como por exemplo em educação. Vocês gostam de estudar ou de falar sobre assuntos interessantes e costumam ensinar coisas um ao outro, graças à riqueza de seu conhecimento interior e não graças aos livros que leram. O 9 os leva também a agir com cuidado, carinho e solidariedade. Mas é possível que se julguem pelo conhecimento ou pela inteligência e não pelo carinho que têm um pelo outro. Mas, neste relacionamento, estão também aprendendo a gostar da beleza do amor, da paixão e da criatividade.

Sob a influência do 9, estão aprendendo a ser compreensivos um com o outro, principalmente quando um parece desafiar a paciência do outro. Por exemplo: você exagera nas críticas ao seu par, mas em vez de ficar magoado ele se mostra compreensivo porque sabe que você está sendo agressivo porque também se sente magoado. Na verdade, essa capacidade de compreensão que ele demonstra é uma grande dádiva, pois mostra a você que suas palavras descuidadas revelam uma dor a ser resolvida e não a vontade de ferir o outro. Neste relacionamento, um aprende muito com o outro. Juntos, ensinam os outros a serem compreensivos, desde que tenham aprendido essa lição.

Comparação de Metas

NÚMERO 1 — META

Sob a influência do 1, uma das metas é descobrir seus objetivos no contexto do relacionamento e persegui-los. Se tiverem como objetivo o condicionamento físico, por exemplo, podem se exercitar juntos: correr, pedalar ou fazer aulas de aeróbica. Isso vai desafiá-los a competir para se manterem em forma. Como provavelmente um é mais resistente que o outro em certas atividades, vocês vão descobrir que é mais fácil atingir o objetivo comum quando cada um faz os exercícios que prefere. Sexo é um bom esporte para manter a forma e para ser praticado a dois. Atingido um objetivo, vocês podem passar ao seguinte, e nada os impede de ter vários objetivos ao mesmo tempo: no trabalho, em casa e no lazer.

Outra meta do 1 é o desenvolvimento da mente e do intelecto. A mente é vasta e muitas coisas podem estimulá-la: tudo o que nos faz pensar contribui para o seu desenvolvimento. Assim, quando estão juntos, vocês podem estar contribuindo para o desenvolvimento da mente. Mas a meta do 1 inclui o desenvolvimento do intelecto, e pode ser que um de vocês saiba mais literatura, por exemplo, e o outro tenha mais informação sobre arte ou política. Talvez um de vocês ache que não estimula a mente do outro, o que é um desafio que terão que enfrentar. Mas, para estimular a mente, às vezes basta discutir um bom livro ou um bom filme. Assim, ler e ir ao cinema é divertido e contribui para a felicidade dos dois. A mente também pode ser estimulada sexualmente.

NÚMERO 2 — META

Neste relacionamento, uma de suas metas é aprender a entrar em acordo. Ou seja: aprender a dar, a receber e a chegar a um ponto médio que atenda às necessidades de ambos. Eis um exemplo: seus pais são divorciados e sua mãe quer visitá-lo num domingo, mas você quer passar o dia inteiro com seus filhos. Neste caso, entre num acordo passando metade do dia com sua mãe e metade com as crianças. Essa é uma situação em que todos saem ganhando, em que as necessidades de todos são satisfeitas. Mesmo assim você pode achar que o problema não foi resolvido, sentindo que foi obrigado a entrar num acordo. Neste caso, tome apenas as decisões que realmente quer: isso vai ajudar vocês dois. Às vezes é fácil encontrar o ponto médio e em outros momentos os dois manipulam a situação para conseguir o que querem. Mas esse é seu dom e juntos podem mostrar aos outros a arte do acordo.

Com o 2, o medo e o amor andam de mãos dadas. Neste relacionamento, às vezes um é cauteloso diante do outro e às vezes são totalmente abertos. Assim, devem encontrar o equilíbrio entre esses dois elementos, para que o medo fique sob controle e para que o lado amoroso de vocês dois não os sufoque. As duas coisas são problemáticas para vocês porque o 2 acentua a sensibilidade. Mas se aprenderem a prestar atenção um no outro e a escutar o que está sendo dito, vão se relacionar melhor e vão descobrir o quanto se amam.

NÚMERO 3 — META

Sob a influência do 3, uma das metas é trazer alegria à vida: alegria interior por estarem onde estão, por serem quem são e por estarem juntos. Essa alegria é um estado de êxtase, pois não depende do que acontece externamente: é um constante bem-estar. É claro que essa alegria não vem do outro, mas nada impede que fiquem felizes por estarem juntos e por fazerem coisas juntos. Geralmente, a felicidade de um irradia para o outro e vice-versa, além de contagiar outras áreas da vida. Sendo muito transmissível, a alegria contamina também as outras pessoas. Não é que devam estar sempre felizes, mas um pode ensinar o outro a se abrir para a alegria em momentos difíceis da vida. Só que, num relacionamento de amor, quando um está deprimido, a alegria do outro pode até aumentar esse mal-estar (especialmente em períodos de TPM). Nem sempre é possível sair ganhando!

Nesse relacionamento, vocês precisam também aprender a se expressar: comunicando-se, fazendo amor, abraçando-se, usando a criatividade. Se para vocês a expressão individual é um desafio, a energia 3 deste relacionamento vai ajudá-los a sair de dentro de si mesmos. Talvez um de vocês seja mais expressivo no nível físico e o outro no nível mental ou emocional. As outras pessoas se expressam mais livremente quando estão perto de vocês. A vida está sempre se expressando, e esta é a dádiva que um pode dar para o outro.

NÚMERO 4 — META

Descobrir a própria unicidade neste relacionamento é uma de suas metas. Por exemplo: os dois costumam viver apenas um dia depois do outro. Mas, se ficarem atolados demais na mera sobrevivência, descubram alguma coisa especial e única que lhes desperte o gosto pela vida. Por exemplo: vista uma roupa especial para despertar o interesse do parceiro ou reserve uma mesa num restaurante romântico que serve uma comida especial. Pode ser que cozinhar seja a especialidade capaz de revelar sua unicidade, e às vezes basta a capacidade de achar graça numa mudança imprevista do tempo. Quando um não descobre nada de especial no outro, o relacionamento morre um pouco. Cabe a vocês assumir a responsabilidade por ele e injetar-lhe um pouco de energia.

Neste relacionamento, a amizade é uma das principais metas — seja um relacionamento amoroso, familiar ou profissional — pois os dois gostam de construir amizades a longo prazo. A amizade lhes dá segurança porque o sexo, os empregos e as situações da vida vêm e vão, mas as amizades sólidas permanecem. É possível que descubra que seu parceiro é seu melhor amigo, mas haverá problemas se um de vocês não estiver disposto a ter vínculos tão próximos. Mas podem ser amigos mesmo achando que não são. Por exemplo: depois de uma briga que parece ser o fim de tudo, a ligação profunda que têm os une novamente. Juntos, vocês podem até ensinar o que é amizade para outras pessoas.

NÚMERO 5 — META

Com a influência do 5 no relacionamento, uma das metas é descobrir a diversão e a aventura. Se um de vocês for do tipo sério, a energia 5 poderá animá-lo. Se os dois já eram amantes da diversão quando se encontraram, vão continuar rindo pela vida afora. É bom se divertir, mas às vezes o gosto pela aventura deixa o outro na mão. Por exemplo: para um aventura significa fazer compras num supermercado diferente, e para o outro significa acampar na África, no meio de animais perigosos. Essas diferenças são desafios a serem superados. Mas talvez estejam juntos para aprender a se adaptar à vida e a correr riscos quando necessário, para que a vida seja mais cheia de aventura e emoção. Só então os dois vão se sentir vivos.

Outra meta desse relacionamento é permitir que seu magnetismo brilhe para que atraiam muitas pessoas e situações diferentes — isso é necessário para o desenvolvimento de vocês. Mas pode haver dificuldades: no caso de um relacionamento amoroso, por exemplo, é um problema ficar atraindo possíveis amantes, loucos para levá-lo para dançar à meia-noite! O compromisso é um problema para os dois, e se não pretendem ficar para valer com o parceiro atual, este magnetismo efervescente é o que os dois precisam e procuram. Ter consciência desse magnetismo é estimulante para vocês — afinal, tiveram a sorte de encontrar um ao outro ou a sorte de serem tão requisitados. Ter magnetismo significa irradiar muita energia e, juntos, irradiam ainda mais energia, diversão e risadas para o mundo e para todos à sua volta.

NÚMERO 6 — META

Com a influência do 6, uma das metas deste relacionamento é ensinar-lhes tudo sobre dedicação. Vocês vão, por exemplo, aprender um com o outro a dedicação ao trabalho (se tiverem um relacionamento de trabalho) ou aos filhos (se for um casamento) e assim por diante. Juntos, podem se dedicar a obras de caridade, trabalhando juntos para ajudar os outros. Mas essa devoção pode fugir do controle: se você é dedicado demais ao parceiro, por exemplo, e ele não é tão dedicado a você, é possível que surjam dificuldades. Você pode ser fanático em relação aos dons e talentos de seus filhos, mas eles odeiam que você fique alardeando o tempo inteiro que eles são o máximo! A dedicação vai ensiná-los a abrir o coração um para o outro e, juntos, podem ensinar aos outros essa qualidade. Neste relacionamento, uma das metas está relacionada ao cumprimento do dever. Para algumas pessoas o dever é uma imposição, mas vocês dois costumam ter prazer no que fazem um para o outro. Um dever é uma tarefa que se espera que você realize por causa de compromissos que assumiu. Por exemplo: quando seu colega de trabalho não está, é seu dever substituí-lo na reunião semanal porque é esse o combinado. No relacionamento com os filhos, é seu dever dar amor e segurança a eles. Você pode achar que é difícil fazer o que deve, mas se avaliar suas necessidades neste relacionamento, vai ver que é essencial que os dois cumpram seu dever. É possível que vocês também adotem uma atitude solidária e assumam deveres em relação à comunidade.

NÚMERO 7 — META

Com o 7 como número da Meta, o desenvolvimento pessoal está em primeiro plano neste relacionamento. Isso indica que o fato de se conhecerem e de estarem juntos favorece seu crescimento. Talvez seu parceiro esteja lhe ensinando uma das qualidades do 7, a espiritualidade, por exemplo, que pode modificar sua perspectiva de vida. Além disso, ao conviverem com pessoas que espelham qualidades semelhantes, aceleram o processo de desenvolvimento. À medida que cada um vai passando pelos estágios do desenvolvimento pessoal, o relacionamento também vai crescendo, o que por sua vez favorece o crescimento pessoal de cada um. Como o 7 favorece a ligação com o eu interior, o crescimento (espiritual) pode ser significativo nesse relacionamento.

Nesse relacionamento, cada um tem como meta aprender a ficar calmo quando o outro reage mal a alguma coisa que foi dita, pois a energia do 7 faz com que as pessoas exagerem em suas reações. Por exemplo: se você ficar calmo e centrado quando sua filha for desobediente, vai resolver a situação com mais praticidade. Mas vocês tendem a desafiar um ao outro com a força de suas emoções, que às vezes são destrutivas. Por isso, é preciso manter a mente positiva e forte para trabalhar o desenvolvimento pessoal. Esse relacionamento vai ajudá-los a se aproximar para que consigam enxergar através das emoções. No mundo real, viver junto exige muito desenvolvimento pessoal e inspira aqueles que estão à sua volta a fazer o mesmo.

NÚMERO 8 — META

Influenciados pelo 8, uma de suas metas é descobrir o equilíbrio entre as conquistas interiores e exteriores. Por exemplo: você e seu sócio querem ganhar montes de dinheiro mas querem também que o próprio trabalho tenha valor. Em geral, quando o que está em primeiro plano é a ligação interior e a ligação espiritual que têm um com o outro, o sucesso é ainda maior, nos negócios e no relacionamento. As dificuldades surgem quando um dos dois está voltado exclusivamente para conquistas exteriores ou tentando ser mais bem-sucedido do que o outro. Tal atitude pode prejudicar outras questões do relacionamento, mas pode também estimular o outro a perseguir o sucesso.

Talvez tenham como meta atingir juntos o sucesso, no campo dos negócios ou na vida pessoal. Sucesso significa coisas diferentes para diferentes pessoas, mas é sempre muito positivo. Nesse relacionamento, o fracasso — como ser incapaz de ter um bom desempenho na cama — é um verdadeiro desafio. Mas é também um dado positivo, porque leva a um sucesso ainda maior. O fracasso os estimula a olhar a vida mais profundamente, reavaliar a própria posição no relacionamento e depois caminhar para um futuro mais positivo. Nesse relacionamento, o sucesso e os desafios têm raízes em vidas passadas e fortes relações com o carma. Juntos, vocês podem mostrar aos outros como tirar o maior proveito do sucesso e do fracasso, que são fatos da vida.

NÚMERO 9 — META

Com a influência do 9 nesse relacionamento, vocês têm como meta aceitar as convicções um do outro e encontrar crenças comuns que possam compartilhar. No seu caso, as convicções influenciam a vida e o futuro porque têm um papel importante em sua história. Assim, seus pensamentos e suas convicções relativas ao relacionamento o influenciam fortemente. Por exemplo: haverá problemas se cada um achar que os filhos devem ser educados numa religião diferente. Neste caso, o relacionamento pode ser maravilhoso e feliz sob vários aspectos, mas quando se tratar da educação dos filhos, as crenças profundamente enraizadas aparecem. Seja como for, esta é uma oportunidade para os dois abrirem mão de convicções obsoletas e passarem a ver o relacionamento de uma nova maneira.

Sob a influência do 9, uma de suas metas é se acostumarem ao poder pessoal de cada um e ao poder combinado dos dois. Por exemplo: se você é o diretor de uma multinacional e seu par tem um cargo político, é importante que aprendam a relaxar e a aproveitar o poder, assim como é importante que aprendam a administrar esse poder para o bem de todos. Embora o poder venha de dentro e esteja à disposição de todos, nesse relacionamento uma das metas é aprender a administrar grandes quantidades de poder e de responsabilidade. Mas o relacionamento pode ser poderoso sob outros aspectos. Por exemplo: mesmo que nenhum dos dois dirija uma empresa ou uma nação, o poder do relacionamento vem das poderosas lições que estão aprendendo um com o outro. O poder fortalece o poder dos outros, para que também sejam poderosos.

Comparação de Anos Pessoais

NÚMERO 1 — ANO PESSOAL

Neste Ano Pessoal, ambos serão levados a buscar novas oportunidades no que diz respeito ao relacionamento. Pode ser que, em busca de uma nova direção, um de vocês peça ao outro que lhe indique o caminho ou até mesmo que o conduza. Mas é possível que um queira forçar o outro a seguir na direção que lhe convém, pois o 1 desperta uma tendência ao egocentrismo. O 1 pode levá-los também a procurar e a descobrir novas coisas para fazer. Por exemplo: num relacionamento amoroso, podem descobrir uma nova forma de fazer amor e num relacionamento profissional uma nova abordagem para uma meta em comum. Mas pode ser que tenham muita resistência às coisas novas, especialmente se algumas das mudanças que pretendem fazer forem muito radicais.

Além disso, um de vocês pode se fazer de vítima diante da mudança, sentindo que alguns elementos do mundo que conheciam juntos estão desaparecendo — o que acontece antes que surjam os novos elementos que lhes vão permitir seguir em frente. Mas não esqueçam que cabe a vocês escolher quais as oportunidades que querem aproveitar. Este é um ano de recomeço e de nascimento — nascimento de um projeto, nascimento de um filho, nascimento de uma nova visão de vida. É um ano que tem tudo para ser dinâmico e emocionante: traz um novo vigor ao relacionamento, permite que os dois descubram novas soluções para velhos problemas e acrescenta à vida uma centelha de energia.

NÚMERO 2 — ANO PESSOAL

Com a influência do 2 neste Ano Pessoal, a prioridade é encontrar o equilíbrio dentro do relacionamento. Isso significa, por exemplo, equilibrar o tempo que passam juntos com o tempo que passam em outros lugares (o que favorece o equilíbrio necessário para que os dois se sintam iguais no relacionamento) ou encontrar equilíbrio emocional. Por exemplo: se os dois têm momentos muito emotivos, o desafio talvez seja estabilizar as emoções para que haja mais harmonia no relacionamento. Ao trabalhar juntos as emoções, vão aprender a compartilhar os sentimentos e a se relacionar no nível emocional, especialmente se antes estavam isolados dos próprios sentimentos: é, enfim, uma boa oportunidade para se aproximarem um do outro. Neste Ano Pessoal, o desafio é compartilhar e entrar em contato com os próprios sentimentos. Se forem gentis, suaves e carinhosos um com o outro, vão conseguir superá-lo.

Com o 2, as decisões estão em primeiro plano, pois vão definir o rumo dos acontecimentos. É o momento, por exemplo, de decidirem se querem ou não continuar o relacionamento. Mas, num ano 2, até as mais simples decisões — como a escolha de um restaurante — costumam ser um problema. Seja como for, o importante é que cooperem um com o outro e que levem em consideração o ponto de vista e os sentimentos um do outro. As decisões conjuntas vão trazer mais equilíbrio à sua vida.

NÚMERO 3 — ANO PESSOAL

A influência do 3 faz com que, neste ano, os dois procurem expandir o relacionamento. Por exemplo: se moram juntos, talvez casem ou tenham filhos. Ou então o relacionamento platônico com um amigo se transforma num relacionamento sexual ou vice-versa. A energia 3 traz criatividade ao relacionamento e tende a ajudá-los a relaxar, caso façam coisas demais juntos. Talvez sejam desafiados a parar de forçar as coisas, deixando que o relacionamento flua à sua maneira. O 3 costuma exigir renúncia de ambas as partes: é uma energia que os desafia a serem mais flexíveis para que possam crescer.

Sob a influência do 3, é provável que busquem mais liberdade no relacionamento: liberdade para que possam viajar juntos, por exemplo, ou mais liberdade no relacionamento com a família. Neste ano, é possível que tentem seguir em várias direções ao mesmo tempo, o que pode provocar confusão. O relacionamento pode se expandir de maneira a deixá-los confusos, sendo que essa confusão pode despertar conflitos interiores e criar ainda mais conflitos entre vocês. Para que a situação melhore, o caminho é aceitar as coisas como são. Como a energia 3 injeta leveza e alegria no relacionamento, o ano 3 pode ser cheio de risadas e de muita diversão. Na verdade, o humor passa a ser um ingrediente essencial para que consigam se expressar melhor — a dois ou socialmente.

NÚMERO 4 — ANO PESSOAL

Com a influência do 4 neste Ano Pessoal, é possível que sintam a necessidade de consolidar o relacionamento. Por exemplo: no caso de uma sociedade, é possível que você e seu sócio injetem mais dinheiro no negócio para terem mais solidez. Mas, por outro lado, pode ser que resistam à mudança e tentem se livrar das responsabilidades, sendo irresponsáveis ou arriscando o relacionamento. É claro que alguns riscos compensam e outros não, mas a energia 4 favorece uma atitude de "tudo ou nada" no que diz respeito ao relacionamento. Mas, seja como for, essas experiências vão fazê-los crescer: essa é a vida. Neste ano a vida vai parecer particularmente dura, mas não deixem de investir energia na paixão e no relacionamento. Assim, no caso de um relacionamento amoroso, este ano pode ser altamente romântico e apaixonado, cheio de coisas especiais para fazerem juntos.

Como o 4 influencia mudanças no nível físico, pode ser que o próprio fundamento do relacionamento fique abalado. É possível que mudem de casa, troquem de emprego ou tenham um filho. São mudanças capazes de modificar o relacionamento e de influenciar a longo prazo cada um de vocês. Neste período, o melhor é ter uma atitude prática e manter os pés no chão. Pode ser que se sintam atolados no relacionamento por excesso de seriedade — neste caso vão ter mais dificuldade para enfrentar as mudanças físicas.

NÚMERO 5 — ANO PESSOAL

Sob a influência do 5, espere o inesperado: qualquer coisa pode acontecer, pois o 5 é uma energia rápida que influencia a mudança. Pode ser que estejam mais instáveis quanto ao relacionamento ou que ocorram mudanças favoráveis. É possível que saiam ganhando com essas mudanças, mas é possível também que tenham dificuldade para administrá-las, principalmente se forem repentinas. A energia 5 é também um teste para o compromisso que há entre vocês, pois é uma energia altamente magnética que os tornam irresistíveis — um para o outro e também para os outros, é claro. Mas, por outro lado, o 5 pode até fortalecer o compromisso ao lhes dar mais clareza sobre questões importantes do relacionamento.

Sob a influência do 5, pode surgir a inquietação. Nesse caso, vão se sentir presos e ter vontade de fugir para não assumir compromissos. Essa energia os torna impulsivos, imprevisíveis — é comum começar alguma coisa e logo mudar de idéia — e até confusos a respeito do papel de cada um no relacionamento. Por outro lado, a impulsividade traz espontaneidade e surpresas ao relacionamento, animando-o quando as coisas ficam monótonas. Mas, como o 5 favorece a comunicação, vocês vão conseguir falar sobre os próprios sentimentos para perceber com clareza quais são as questões que devem trabalhar. O 5 pede que os dois aprendam a se expressar. Por isso, dancem, comuniquem-se e sejam criativos: só assim vão aproveitar todas as mudanças que este ano traz.

NÚMERO 6 — ANO PESSOAL

A influência do 6 pede que avaliem com cuidado até onde querem ir nesse relacionamento. Por exemplo: se faz seis meses que se conhecem, talvez seja a hora de aprofundar o relacionamento e ampliar o compromisso. Aprofundar um relacionamento é sempre um desafio, pois o *glamour* da superfície desaparece, a lua-de-mel termina e o ideal é abalado. Talvez fiquem frustrados, mas pode ser também que resolvam ficar à altura dos ideais um do outro. Sob a influência do 6, é provável que passem mais tempo se conhecendo e aprofundem o relacionamento aos poucos em vez de mergulhar de cabeça. Mas pode ser também que se contentem com o *glamour* da superfície e com a beleza visível em vez de procurarem o que mais esse relacionamento pode oferecer.

A energia 6 lhes dá a oportunidade de abrir o coração um para o outro e descobrir o prazer do romance, no caso de um relacionamento amoroso. É um bom ano para dar atenção às responsabilidades conjuntas e para procurar uma maneira de prover pelos dois, especialmente no que diz respeito à segurança emocional. O ano põe em evidência as escolhas possíveis no contexto do relacionamento e apresenta para cada um o desafio de fazer o que é melhor para os dois e não apenas para si mesmo. Pode ser também que desenvolvam mais sensibilidade, um em relação ao outro.

NÚMERO 7 — ANO PESSOAL

É possível que os dois estejam empenhados em fazer com que o relacionamento realmente aconteça neste ano 7. Por exemplo: no trabalho, este é o momento de concluir o projeto que tantas vezes foi interrompido. A energia 7 favorece a conclusão que, no caso do relacionamento, vai depender do que os dois fizeram por ele. Por exemplo: seu relacionamento com a nova sogra pode não decolar se vocês se conheceram agora, neste Ano Pessoal 7. Isso pode acontecer porque vocês não cuidaram desse relacionamento antes nem construíram suas bases. Mas, como o 7 traz também resultados instantâneos, nada impede que sua sogra se acerte com você no primeiro minuto.

A influência do 7 favorece o desenvolvimento pessoal e a ligação espiritual com a vida em geral. Como exige introspecção e busca espiritual, esse relacionamento faz com que surjam situações favoráveis a esses processos. Como a energia do 7 favorece a capacidade analítica, é possível que destrinchem esse relacionamento mentalmente. Mas ela traz também sentimentos de perda: talvez o relacionamento não seja exatamente o que esperavam. Por outro lado, em vez de aceitá-lo como é, é possível que você queira torná-lo perfeito por meio da inventividade. Nesse ano, vocês devem ser pacientes um com o outro, sabendo que este relacionamento, como ele é agora, é exatamente do que precisam. A menos, é claro, que façam outra escolha.

NÚMERO 8 — ANO PESSOAL

O número 8 põe em primeiro plano o sucesso, o dinheiro, o poder e o sexo, fatores que vão estar em pauta no relacionamento, mas que também estão sujeitos a fortes influências cármicas. As questões do passado que trabalharam juntos podem voltar com mais intensidade neste ano. É possível que algumas delas surjam e desapareçam de repente, na medida em que vocês forem enfrentando as responsabilidades cármicas. Neste Ano Pessoal 8, é possível que relacionamentos recentes tragam fortes vínculos cármicos oriundos de vidas passadas, tendo forte impacto sobre os dois. Pode ser o momento de cortar os vínculos com velhas maneiras de viver. Por exemplo: se o relacionamento não lhe serve mais, a solução é ser direto e assumir a responsabilidade por si mesmo.

Neste ano 8, é possível que fiquem se reavaliando para descobrir como avançar no contexto do relacionamento. Nesse processo, podem ter a oportunidade de afirmar o poder pessoal, levantando questões que os incomodam mas que até agora não tinham enfrentado. Além de ser um desafio para os dois, isso pode mudar a dinâmica do relacionamento. O 8 traz também disposição espiritual e pode ser inspirador acrescentar uma dimensão espiritual à vida tão agitada que levam. É possível que a espiritualidade seja o elo perdido, com um importante papel para o sucesso desse relacionamento.

NÚMERO 9 — ANO PESSOAL

É bem provável que o 9 os leve a usar a cabeça para julgar como e se querem ficar no relacionamento: se é o tipo de relacionamento que querem levar para o próximo ciclo de 9 anos. Por exemplo: se você descobriu que seu amigo foi desleal com você mais de uma vez, conversou com ele e nada adiantou, é bem possível que prefira uma nova amizade no futuro. Sob a influência do 9, é provável que exagerem nas críticas ao pesar os prós e os contras do relacionamento. Mas a energia 9 propicia também uma atitude mais aberta, amigável e liberal. Pode ser que comecem a ter mais facilidade para abrir a porta às novas oportunidades. Por exemplo: apesar do bom relacionamento que tem, você abre a porta para um amante ou tem uma sociedade comercial e ao mesmo tempo inicia (em segredo) um negócio com um colega.

A energia 9 é como um sopro de ar fresco que o faz respirar fundo para inalar a vida. Descobrir novas coisas para fazerem juntos traz de volta o ar fresco, a inspiração e até mesmo a paixão. Aliás, no caso de um relacionamento de amor, é possível que os dois sejam tão passionais que passem mais tempo na cama do que cuidando da vida. Façam o possível para manter o senso de humor em todas as circunstâncias e aproveitem para ensinar um ao outro os prazeres sensuais: o momento é propício para isso. As festas, barulhentas e badaladas, ou íntimas e intelectuais, devem constar de sua agenda neste Ano Pessoal 9.

CAPÍTULO 8

Guia do Amor – Estudos de Caso

Nestes estudos de caso, o elemento enfatizado é a comparação entre os mapas. Assim, você vai aprender a fazer um mapa inspirado pela dinâmica da numerologia! Segue-se, em primeiro lugar, a história de um casal, Tara e Mark, depois de mãe e filha, Kate e Marie, e em terceiro lugar de duas amigas de longa data, Annabel e Susan.

Estudo de Caso 1: Um Casal

TARA E MARK

Esta é a história de caso de um casal americano. Tara e Mark são profundamente apaixonados desde o dia em que se conheceram. Observe os mapas para ver por quê. Eles moram juntos há 8 anos.

Tara nasceu a 3 de junho de 1969 e Mark a 3 de novembro de 1964.

	TARA	MARK
Número da Personalidade	3	3
Número do Caminho da Vida	34=7	34=7
Número do Carma	56/11=2	55/10=1
Número da Meta	13=4	16=7
Ano Pessoal (em fevereiro de 1999)	36=9	41=5

TARA — PERSONALIDADE = 3

Tara é efervescente e extrovertida, com muito senso de humor. Adora receber, ir a festas e vestir-se bem. É descontraída e leva tudo numa boa: na verdade, raramente se preocupa. Tara ama a vida e, sendo muito ativa, aproveita ao máximo cada minuto. Pinta, viaja, cozinha, escreve e é incrivelmente criativa com as mãos. É despreocupada e tem uma atitude positiva diante da vida. Não costuma julgar e faz com que as pessoas revelem o que têm de melhor. É muito requisitada e tem a mente brilhante. Tara se empolga pelas atividades e às vezes descobre que assumiu compromissos demais. É uma comunicadora, mas costuma dizer: "Não sou muito boa para expressar minhas emoções." Às vezes é muito desleixada e, como adora comida, engorda com facilidade (mas não se preocupa muito, só faz um pouco de exercício). Tara é treinadora de pessoal num importante banco de Tóquio, função que exige capacidade de se comunicar, inclusive por escrito, e muito humor.

MARK — PERSONALIDADE = 3

Mark é um craque da comunicação: expressa-se muito e com facilidade. Mas às vezes tende ao exagero. Gosta de festas e de conviver com as pessoas, mas não o tempo inteiro. Como Tara, adora a mudança e é adaptável ao ambiente. Adora viajar e já mudou de país três vezes, sempre a trabalho. Como é extremamente sensível, às vezes fica triste, apesar de ser muito descontraído. Gosta de ter tempo para pensar e tem momentos de inatividade. Adora boa comida e bons vinhos, férias caras (como Tara) e massagem: tem nas mãos o dom do massagista. Gosta muito de fazer sexo (com Tara) e é muito sensual. Na verdade, é muito afetuoso e tem um coração enorme. Mark trabalha como especialista em tecnologia da informação num grande banco de Tóquio (o mesmo de Tara) e ganha muito bem. Nesse trabalho ele tem a oportunidade de exercer a auto-expressão e o amor pela comunicação e pelas pessoas, que adora ajudar. É formado em inglês e tem um vasto vocabulário para se expressar: é muito eloquente e as palavras parecem brotar de sua boca.

TARA E MARK — COMPARAÇÃO DAS PERSONALIDADES = (3+3) = 6

O 6 influencia o amor pelo prazer e a necessidade de satisfazer os desejos animais. Na verdade, Tara e Mark têm uma lista "A a Z" de lugares em que exerceram seus direitos conjugais. A: avião; D: degraus da igreja de Munique; E: elevador; Z: zoológico, no viveiro dos répteis. E assim vai, um lugar para cada letra. Para eles, o sexo é uma prioridade. Os dois são muito sensuais, agem guiados pelos instintos e sabem como agradar um ao outro. Tara e Mark são muito românticos, dizem muitas vezes "eu te amo" e um se preocupa com o outro. Às vezes até exageram e ficam meio dependentes: quando um deles sai ou viaja, o outro passa um mau pedaço. A idéia que eles fazem de um relacionamento ideal não admite um instante de mau humor. Quando isso acontece, o outro se ofende. Mas há muito amor e devoção neste relacionamento.

TARA — CAMINHO DA VIDA = 7

Tara é uma "materializadora": está sempre organizando, gosta de juntar as coisas e de fazer acontecer. Tem muita imaginação, mas é prática e tem confiança no processo da vida. Só que é tão ativa e ocupada (Personalidade Número 3) que tem pouco tempo para a introspecção, o que faz com que às vezes fique confusa e desnorteada. Ela ama a natureza e é naturalmente intuitiva.

MARK — CAMINHO DA VIDA = 7

Espiritual e filosófico, Mark precisa passar bastante tempo pensando e refletindo sobre a vida. De mente analítica, gosta de conhecer tudo nos mínimos detalhes, mas é também muito imaginativo e às vezes pouco realista. É muito gentil mas pode ser desconfiado em relação às pessoas, impaciente com a vida e às vezes entra em pânico. Muito sensível, entra e sai com facilidade de estados depressivos. Gosta de honestidade e se considera uma pessoa sincera.

TARA E MARK — COMPARAÇÃO DOS CAMINHOS DA VIDA = (7+7=14) = 5

Com a influência do 5 neste relacionamento, a comunicação está em primeiro plano. Além de terem profissões ligadas a essa área, a comunicação é uma questão que trabalham juntos da vida pessoal. O 5 influencia as viagens, o movimento e a aventura, elementos que incorporaram à vida em geral e à vida sexual em particular. O 5 influencia a mudança, um estímulo necessário a eles dois, mas também faz com que às vezes se sintam inquietos. Os dois gostam de ter liberdade no relacionamento.

TARA — NÚMERO DO CARMA = 56/11 = 2

O 2 sugere que Tara estava à procura de sua alma gêmea e que, segundo acredita, a encontrou — Mark! Ela adora amar e é muito carinhosa. Um dos desafios de Tara é aprender a se relacionar emocionalmente. É muito diplomática mas acha difícil tomar decisões, especialmente em questões importantes. Tara é perfeccionista e tem expectativas altas em relação ao próprio desempenho.

MARK — NÚMERO DO CARMA = 55/10 = 1

Mark está descobrindo a própria direção na vida, o que para ele é um desafio. Trabalha criativamente pelas metas que estabelece no relacionamento e fica frustrado quando sua direção de vida é comprometida por acontecimentos externos. É na intimidade que se sente bem e às vezes gosta de se afastar do mundo. De postura intelectual, precisa do estímulo de novas idéias e novas coisas.

TARA E MARK — COMPARAÇÃO DOS CARMAS = (2+1) = 3

Como resultado de vidas passadas, Tara e Mark têm agora abundância de amor, felicidade e sucesso no relacionamento. Para ter um relacionamento tão harmonioso, devem ter trabalhado duro no passado. Para eles a vida é uma diversão: vivem viajando pelo mundo e trabalham em harmonia. Os dois gostam de misticismo, um interesse que pode ter suas raízes no passado. Juntos, estão aprendendo a se expressar.

TARA — NÚMERO DA META = 13 = 4

Como o 4 influencia a segurança, uma das metas de Tara é trabalhar para construir a própria segurança interior. Precisa de um relacionamento estruturado, mas também tem como meta aprender a estabelecer limites, um de seus desafios. Tara é persistente e gosta de assumir a responsabilidade por si mesma. Adora a mudança, gosta de correr riscos e de se sentir especial.

MARK — NÚMERO DA META = 16 = 7

Como uma das metas de Mark é o desenvolvimento pessoal, ter um espaço para pensar e ficar em silêncio é muito importante para ele. Está aprendendo a confiar na própria intuição e nos outros e, como é muito intuitivo, enxerga dentro das pessoas e consegue sentir seus sentimentos. Tem mente analítica e é competente quando se trata de detalhes técnicos, o que é importante em seu trabalho. Mas às vezes é implicante com relação a detalhes.

TARA E MARK — COMPARAÇÃO DAS METAS = (4+7=11) = 2

Uma das metas de Tara e Mark era descobrir a alma gêmea, o que os dois sentem que conseguiram. Precisam também aprender a se relacionar um com o outro, mas como passam muito tempo juntos, essa é uma questão que trabalham bastante. Além disso, Tara e Mark estão à procura de paz interior e de harmonia na vida em comum. Gostam de cooperar e se equilibram mutuamente. Como sabem que é fácil mexer com a sensibilidade um do outro, eles procuram ser gentis.

TARA — ANO PESSOAL = (36/3 + 6) = 9

Vivendo um ano de recomeço, Tara está em busca de novas oportunidades no relacionamento. Quer também desenvolver o intelecto e aprender coisas novas: a educação faz parte de sua agenda deste ano.

MARK — ANO PESSOAL = 41 = 5

Neste Ano Pessoal 5, Mark está passando por muitas mudanças internas e externas. Os movimentos, as viagens e a comunicação estão em primeiro plano. Em certos momentos sua inquietação pode lhe trazer problemas.

TARA E MARK — COMPARAÇÃO DE ANOS PESSOAIS = (9 + 5 = 14) = 5

Tara e Mark querem formar uma família, para aprofundar o compromisso e expressar o amor que sentem um pelo outro. Além disso, os dois são voltados para a família (com 3 e 6 nos mapas). Neste ano, cada um tem como principal meta avaliar suas escolhas e fazer o que é melhor para os dois, e não apenas para si mesmo. Estão trabalhando para descobrir um senso de plenitude no relacionamento.

DATAS ESPECIAIS

É fascinante estudar as datas especiais e os marcos de um relacionamento. Por exemplo: Tara e Mark saíram juntos pela primeira vez em 19 de janeiro de 1990. Naquele ano, a Comparação de seus Anos Pessoais era 14 = 5. O 5 é também o número da Comparação de seus Caminhos da Vida, o que significa que nessa ocasião estavam, potencialmente, se alinhando à verdadeira direção ou objetivo de vida. É também o 5 que influencia a diversão e a aventura, o que tem sido o tom do relacionamento.

Outra data feliz é a data em que se casaram: 1º de dezembro de 1994. Nesse ano, a Comparação de seus Anos Pessoais é 15=6, que é também o número da Comparação das Personalidades. O 6 põe em primeiro plano os relacionamentos e a família e influencia o domínio dos instintos. O número 6 é também o atual número da Comparação de seus Anos Pessoais (em fevereiro de 1999) e é neste ano que começaram a considerar a possibilidade de ter filhos.

IMPRESSÕES GERAIS

Este é um mapa incomum, pois o Número da Personalidade (3) e o Número do Caminho da Vida (7) é o mesmo para Tara e Mark. Isso dá aos dois a possibilidade de, juntos, explorarem diferentes qualidades dos mesmos números, o que é muito difícil, mas também os torna potencialmente muito compatíveis.

No cotidiano eles vivem com muito carinho, amor, sexo, romance e respeito mútuo. Tara e Mark têm juntos uma vida abundante: gostam de gastar dinheiro com experiências que enriqueçam a vida, como viajar, ir ao teatro, jantar e fazer cursos.

Há, sobretudo, muita confiança neste relacionamento — e às vezes há também muita dependência. Mas os dois gostam de mudanças e são adaptáveis às que ocorrem no relacionamento.

Estudo de Caso 2: Mãe e Filha

KATE E MARIE

Esta é a história de caso de Marie e sua mãe, Kate (que já morreu), que mostra o mapa de cada uma, suas compatibilidades e problemas.

Kate nasceu em 9 de outubro de 1941, e Marie nasceu em 3 de janeiro de 1966.

	KATE	MARIE
Número da Personalidade	9	3
Número do Caminho da Vida	34=7	26=8
Número do Carma	17=8	13=4
Número da Meta	10=1	10=1
Ano Pessoal (quando Kate morreu, a 13-3-1994)	41=5	27=9

KATE — PERSONALIDADE = 9

Kate era extrovertida, amante da diversão e muito liberal na maneira de abordar a vida. Ela se considerava boa cidadã e boa pessoa e gostava de ajudar os outros sempre que podia. Mas às vezes era egoísta, automotivada e voluntariosa, e fazia só o que tinha vontade. Adorava música e adorava dançar, fiel à sua infância na Irlanda. Embora na juventude tenha passado por problemas ligados ao medo de certas experiências paranormais, tornou-se uma pessoa bastante espiritualizada e chegou a ser praticante de Reiki. Era religiosa mas liberada sexualmente, e às vezes se rebelava contra as imposições da criação irlandesa. Era uma mulher poderosa e um exemplo para os outros. Perfeccionista por natureza, gostava de tudo em seu lugar e tinha muito cuidado com seu ambiente. Tinha atitude crítica e expectativas muito altas, especialmente em relação a si mesma e às pessoas mais próximas. Era também intelectual e brilhante.

MARIE — PERSONALIDADE = 3

Marie é alegre, cheia de vida, muito criativa (uma cozinheira brilhante) e expressiva. Costuma demonstrar seus sentimentos e é muito sensível aos sentimentos dos outros. Adora ser o centro das atenções em todas as festas e, na verdade, os homens fazem fila para levá-la para casa. É informal diante da vida e sem inibições em relação ao corpo: as colônias de nudismo são sua especialidade. Adora contar piadas e é mestre na arte da superficialidade, o que impede que os outros se aproximem demais. Marie adora sexo, mas dá muita importância à afeição e ao amor. Muito ativa, não consegue ficar quieta e está sempre mexendo nas coisas. Empolga-se com facilidade, mas nem sempre termina o que começa porque logo perde a concentração. Marie tende a ter conflitos interiores por causa da vida (socialmente) atribulada. Mas é brilhante e mesmo dispersando a energia entre várias pessoas e projetos, ainda consegue fazer muita coisa.

KATE E MARIE — COMPARAÇÃO DAS PERSONALIDADES = (9+3=12) = 3

Sob a influência do 3, que põe em primeiro plano as questões de família, as duas trabalharam duro para resolver os problemas que havia entre elas por causa dos anos de separação (Kate foi embora quando Marie era criança). Trabalhavam juntas a auto-expressão no último ano de vida de Kate, quando muitas das questões pendentes entre elas já estavam resolvidas. Marie diz: "Acho que nós nos sentíamos completas uma em relação à outra quando ela morreu." Marie contribuiu para o senso de humor de Kate e juntas aprenderam a rir. Quando Kate ficava pessimista, Marie trazia entusiasmo e otimismo ao relacionamento, e às vezes os papéis se invertiam. Marie fez muitas massagens em Kate durante sua doença e as duas trocavam sessões de Reiki, o que as aproximou ainda mais e contribuiu para que explorassem juntas a espiritualidade e a criatividade. Uma criticava o comportamento e os "erros" da outra, mas no fim da vida de Kate as duas já se aceitavam.

KATE — CAMINHO DA VIDA = 34 = 7

Kate adorava cuidar das pessoas e aprendeu a atender suas necessidades físicas trabalhando durante mais de vinte e cinco anos como enfermeira e técnica de raio X. Para ela, a ligação emocional com os outros era um desafio, mas gostava do aspecto social do seu trabalho e se deixava levar pelo desejo de explorar plenamente a vida. Era espontânea e gostava de uma boa conversa, o que a tornava muito querida e requisitada.

MARIE — CAMINHO DA VIDA = 26 = 8

Marie é muito forte, tendo desde cedo aprendido a caminhar com os próprios pés. Positiva mas discreta, às vezes é passiva e cheia de consideração. Mas, ao exercer seu poder, Marie é às vezes manipuladora e indireta. Tem tendência a ser mandona, mas aprendeu que nem sempre sabe o que é melhor para as pessoas. É praticante de Reiki e, com muito tino para negócios, dirige uma empresa bem-sucedida que lhe dá a oportunidade de ajudar as pessoas a se tornarem mais fortes.

KATE E MARIE — COMPARAÇÃO DOS CAMINHOS DA VIDA = (7+8=15) = 6

Kate e Marie têm fortes ligações cármicas enraizadas no passado e juntas estavam aprendendo a assumir a responsabilidade por si mesmas e a encontrar a segurança interior. Tinham uma certa tendência aos dramas e às explosões emocionais porque, teimosas, cada qual queria fazer as coisas ao seu modo. Estavam desenvolvendo a introspecção e a espiritualidade e aprendendo a ser independentes. As duas tinham um forte senso de humor e muitas vezes riam e se divertiam juntas.

Guia do Amor — Estudos de Caso   165

KATE — CARMA = 17 = 8

Interessada em espiritualidade, no fim da vida Kate se tornou muito introspectiva, procurando descobrir sua ligação espiritual consigo mesma e com os outros. Com uma situação financeira confortável, gostava das coisas que tinha. Adorava sexo e poder, mas via a autoridade como um desafio. Muitos dos relacionamentos que teve durante a vida envolviam fortes vínculos cármicos.

MARIE — CARMA = 13 = 4

Marie foi abandonada pela mãe quando era muito pequena, o que a forçou a assumir a responsabilidade por si mesma: foi uma lição de sobrevivência, iniciada em vidas passadas. Os dramas que viveu na infância a ensinaram a tocar a vida a todo custo. Marie tinha dificuldade para reconhecer os limites dos outros mas aprendeu a apreciar a estrutura em sua vida, o que faz com que se sinta segura.

KATE E MARIE — COMPARAÇÃO DOS CARMAS = (8+4=12) = 3

Seguindo uma tendência de vidas passadas, gostavam de jardinagem, de cozinhar e de pintar. Enfrentaram também um grande desafio: aprender a expressar os sentimentos e a se comunicar uma com a outra. Com Kate, Marie aprendeu a se divertir e a se sentir livre para aproveitar cada momento. Marie chamava Kate pelo nome e nunca de "Mamãe". Quando Kate morreu elas tinham se tornado grandes amigas, apesar dos anos de separação terem permanecido um mistério.

KATE — META = 10 = 1

A meta de Kate era a independência — que conquistou quando abandonou o marido e a filha —, mas geralmente se sentia sozinha. Era ambiciosa com os homens mas não na profissão de enfermeira, que lhe ensinou intimidade e cuidado. Às vezes tinha dificuldade para se expressar diretamente, e era difícil descobrir o que estava pensando. Uma das metas de Kate era o desenvolvimento mental, e ela a atingiu através do contato social que tinha no trabalho e na vida em geral.

MARIE — META = 10 = 1

Como se desvia com facilidade, uma das metas de Marie é aprender a focalizar a atenção no objetivo imediato. De temperamento compulsivo, precisa aprender a pensar antes de saltar de cabeça. Marie precisou crescer depressa e se tornou independente bem cedo. É muito criativa e em geral atinge suas metas.

KATE E MARIE — COMPARAÇÃO DAS METAS = (1+1) = 2

Sob a influência do 2, que põe em evidência as emoções, as duas estavam aprendendo a se relacionar, o que era uma de suas principais metas. Além disso, uma aprendia a avaliar a outra sem as confrontações decorrentes das diferenças, mas buscando a convivência harmoniosa. Durante sua doença, Kate aprendeu a se abrir com Marie e a se aproximar emocionalmente dela, em vez de reprimir os sentimentos do passado, tão difíceis de suportar. Juntas, estavam aprendendo a compartilhar energias de carinho e cuidado.

KATE — ANO PESSOAL QUANDO MORREU, EM MARÇO DE 1994 = 41 = 5

Kate estava em busca da liberdade e da diversão no ano em que morreu. Sentindo-se inquieta, tinha iniciado uma nova carreira como praticante de Reiki. O 5 influencia as mudanças em geral, e era isso que Kate buscava naquele ano.

MARIE — ANO PESSOAL
QUANDO KATE MORREU = 27 = 9

A doença e a morte de Kate fizeram com que Marie se aprofundasse na espiritualidade, apesar de já trabalhar com artes da cura. Marie estava num ano de conclusão e recomeço, aprendendo a escolher o que realmente queria na vida.

KATE E MARIE — COMPARAÇÃO DOS
ANOS PESSOAIS = (5+9=14) = 5

O 5 traz movimento e mudança, especialmente nos momentos em que a vida fica estagnada, prejudicando o avanço. Naquele ano, Kate e Marie se viram diante de mudanças inevitáveis, provocadas pela doença e pela morte de Kate. Trabalharam as mudanças e se tornaram muito introspectivas, mas houve também muita comunicação. Kate e Marie buscavam a liberdade em relação às restrições impostas e aos compromissos.

DATAS ESPECIAIS

Marie tinha 5 anos quando sua mãe foi embora. O 5 é o número da liberdade e da mudança, e também o número da Comparação de seus Anos Pessoais por ocasião da morte de Kate: 14=5, outro 5 para reiterar as mudanças.

Marie só voltou a ver a mãe com 19 anos, ou 19=1, que influencia o recomeço. Esse Ano Pessoal de Marie era 27 ou 9 (o mesmo número de seu Ano Pessoal por ocasião da morte de Kate). O 9 influencia a conclusão e o recomeço. Em 1984, Kate tinha 44 anos, ou 44=8, um número que convida à reavaliação e ao cumprimento de responsabilidades cármicas. Quando se reencontraram, o Número da Comparação dos Anos Pessoais de Kate e Marie era 15, ou 6, que influencia a plenitude e que trouxe à tona a necessidade de encontrarem aquilo que lhes faltava.

IMPRESSÃO GERAL

No cotidiano, Kate era muito semelhante a Marie: ambas eram extrovertidas e calorosas e trabalhavam a auto-expressão e a criatividade. Além disso, estavam muito envolvidas com a própria espiritualidade e trabalhavam com cura, tornando-se praticantes de Reiki. Mas uma das questões predominantes deste mapa é que as duas foram desafiadas a aceitar as mudanças provocadas pela separação e posterior reencontro. Assim, uma ajudou a outra a curar a mágoa da separação. Trata-se de um mapa fortemente cármico. As duas se fortaleceram mutuamente, o que permitiu que cada uma assumisse a responsabilidade por si mesma e aceitasse as recompensas conquistadas em vidas passadas. Além disso, estavam aprendendo a ser independentes e a sobreviver no mundo às próprias custas.

Estudo de Caso 3: Amigas

ANNABEL E SUSAN

Este é o estudo de caso de duas amigas, Annabel e Susan, que se conhecem desde a infância e que, como costumam dizer, são mais irmãs do que amigas.

Annabel nasceu em 3 de abril de 1957 e Susan nasceu em 28 de abril de 1957.

	ANNABEL	SUSAN
Número da Personalidade	3	28/10=1
Número do Caminho da Vida	29/11=2	54=9
Número do Carma	16=7	24=6
Número da Meta	22=4	11=2
Ano Pessoal (em fevereiro de 1999)	39/12=3	64/10=1

ANNABEL — PERSONALIDADE = 3

Típica da energia 3, Annabel não consegue ficar quieta por muito tempo e leva uma vida cheia de ação. Descontraída e relaxada, tem uma atitude descuidada diante da vida. É muito querida pelos amigos e muito divertida. Mas seu senso de humor tende a ser maldoso e às vezes passa das medidas. Gosta de atenção e de juntar muitas pessoas à sua volta. Leve e alegre, Annabel tem o dom de levantar o espírito das pessoas, favorecendo seu bem-estar e divertindo-as com as frivolidades da vida. Está sempre organizando eventos sociais para os outros e adora festas. Sente, às vezes, que sua vida está virando um caos, tanta é a energia que dispersa nesses eventos sociais. É capaz de fazer muitas coisas ao mesmo tempo, mas tem como desafio manter o foco, uma necessidade em seu trabalho como secretária social.

SUSAN — PERSONALIDADE = 28 = 1

Susan é muito independente e está sempre pronta para sair de viagem pelo mundo. Está sempre bem vestida e segue as tendências da moda. Gosta de viver a própria vida e, apesar de cuidar da filha, tem tempo para fazer muitas coisas sozinha. Além de usar muito a cabeça no trabalho, pois é psiquiatra, Susan é muito intelectual e alimenta essa qualidade com boa literatura e boa arte. Persegue suas metas mas sabe que nem sempre faz o possível devido à falta de auto-estima. Tem tendência para se sentir isolada, mesmo quando está com as pessoas mais próximas. Mas é muito direta e fala o que lhe vem à cabeça, geralmente de maneira cuidadosa. Adora praticar esportes e fazer exercícios, mas, de comportamento compulsivo, às vezes exige demais de si mesma. Gosta de poder contar só consigo mesma mas se sente desafiada quando alguém lhe pede para fazer alguma coisa, mesmo que seja capaz.

ANNABEL E SUSAN — COMPARAÇÃO DAS PERSONALIDADES = (3+1) = 4

Annabel e Susan são amigas muito próximas e sempre se ajudam: quando uma precisa, a outra larga tudo para ajudar. Juntas, estão aprendendo a ter responsabilidade por si mesmas e a agir com praticidade e com os pés no chão, o que é um verdadeiro desafio para as duas. Annabel e Susan vêem na lealdade uma das qualidades mais importantes de sua amizade, que por sua vez é um dos relacionamentos mais importantes de sua vida. Gostam muito da companhia uma da outra, mas discutem quando uma começa a dizer à outra como é melhor agir em relação a outros relacionamentos. Mas em geral a amizade é harmoniosa.

Guia do Amor — Estudos de Caso 171

ANNABEL — CAMINHO DA VIDA = 29/11 = 2

Apesar de ser sensível e emotiva, Annabel costuma tocar a vida com serenidade. É carinhosa e gosta de se relacionar emocionalmente com os outros. Mas quando se sente carente precisa se sentir necessária para a família e para os amigos. É generosa e faz tudo com amor. Quando está com a sensibilidade exacerbada, Annabel se sente rejeitada, tornando-se irritável e na defensiva.

SUSAN — CAMINHO DA VIDA = 54 = 9

Susan tem uma atitude muito liberal em relação aos outros e gosta de aprender com pessoas de todos os tipos porque é realmente aberta à vida. É humilde, embora seja muito culta e capaz. É generosa, afetuosa e gosta de ajudar, sempre com muito carinho. Perfeccionista, tudo o que faz está aberto à autocrítica: a vida sempre pode melhorar. Mas é afetuosa e percebe que as pessoas apreciam sua gentileza.

ANNABEL E SUSAN — COMPARAÇÃO DOS CAMINHOS DA VIDA = (2+9=11) = 2

Annabel e Susan representam, uma para a outra, uma forte energia feminina. O 2 representa a mãe e elas cuidam uma da outra com cuidado e consideração. Estão aprendendo a arte de compartilhar (o que já fazem) e de se relacionar emocionalmente. Às vezes elas se sufocam mutuamente ou são exigentes demais uma com a outra, o que faz com que se sintam rejeitadas.

ANNABEL — CARMA = 16 = 7

Annabel sabe organizar e é brilhante quando se trata de juntar pessoas e materializar coisas em sua vida. Quando se sente vulnerável e sensível, lança mão de sua forte intuição para tocar a vida. Em certos momentos é sonhadora e idealista. A tendência que tem de se sentir traída tem origem em interações de vidas passadas. Annabel está tentando construir a própria identidade na vida, particularmente a identidade sexual.

SUSAN — CARMA = 24 = 6

Susan está em busca da plenitude. Ela tem uma filha para cuidar, o que às vezes vê como um desafio, pois está aprendendo a prover aos outros. Ama as belas coisas da vida mas é muito crítica em relação às pessoas e às coisas que desaprova. É sensual e adora satisfazer os próprios desejos, que encara com naturalidade.

ANNABEL E SUSAN — COMPARAÇÃO DOS CARMAS = (7+6=13) = 4

Annabel e Susan estão descobrindo a própria segurança interior, mas sua amizade lhes dá segurança externa. Há momentos em que se sentem melancólicas, mas uma anima a outra em períodos difíceis. Ambas resistem às mudanças no relacionamento, como nos momentos em que uma delas precisa se dedicar totalmente a alguma outra coisa. Mas juntas estão aprendendo a ver a vida com paixão.

ANNABEL — META = 22 = 4

Uma das metas de Annabel é controlar a insegurança, por meio de atitudes práticas, das amizades sólidas e do trabalho constante que leva à segurança financeira. Além disso, precisa aprender a se sentir bem consigo mesma, em qualquer circunstância. Annabel trabalha duro, e outra de suas metas é a perseverança. Susan a descreve como "um verdadeiro soldado, que não desiste facilmente".

SUSAN — META = 11 = 2

A meta de Susan é descobrir a harmonia na vida e nos relacionamentos. Precisa também aprender a tomar decisões, o que vê como um desafio, embora use a intuição para se orientar. É sonhadora em certos momentos, irradia calor e sinceridade e quase sempre é calma. Gosta de trocar idéias, o que é muito bom porque também tem como meta aprender a ouvir.

ANNABEL E SUSAN — COMPARAÇÃO DAS METAS = (4+2) = 6

Sob a influência da energia 6, fortemente associada à família, ambas sentem que são como irmãs uma para a outra. O 6 é associado ao carinho, ao cuidado, ao amor e ao afeto, e elas realmente cuidam uma da outra — trabalham juntas suas energias femininas. Têm tendência para se sentirem negligenciadas, mas são tão próximas e tão sensíveis às necessidades uma da outra que procuram fazer o que é melhor para ambas.

ANNABEL — ANO PESSOAL = (39=12) = 3

Annabel ama sua liberdade, que neste ano de expansão é um dos aspectos em evidência. Como ama o contato social, talvez fique mais acentuada sua necessidade de sair, descontrair e aproveitar. Mas é provável que fique confusa, sem saber para onde se expandir.

SUSAN — ANO PESSOAL = (64=10) = 1

Neste ano 1, Susan está aprendendo mais sobre independência e buscando uma nova direção na vida. Talvez busque novas oportunidades e canalize a energia para novas idéias e novas amizades. Mas pode ter problemas relacionados à auto-estima.

ANNABEL E SUSAN — COMPARAÇÃO DOS ANOS PESSOAIS = (3 + 1) = 4

A influência do 3 no relacionamento de Annabel e Susan indica que elas estão tentando romper algumas de suas resistências diante da vida e se ajudando mutuamente a encontrar um novo rumo. É possível que o relacionamento fique mais profundo e emocionalmente mais íntimo, mas pode ser também que sofra algum tipo de ruptura para dar lugar a um novo tipo de relação. Como traz energia e vitalidade, o 1 tende a acrescentar uma nova dimensão e um sopro de ar fresco ao relacionamento.

DATAS ESPECIAIS

Annabel e Susan se conheceram na escola quanto tinham 13 anos — 13 = 4. O 4 tem um grande papel em seus mapas e ambas procuravam uma forte amizade naquela época. Seu Número da Comparação dos Anos Pessoais era então 10 = 1. Assim, apoiando-se uma à outra, estavam descobrindo uma nova direção na vida.

Annabel e Susan cresceram juntas e, aos 20 anos, 20 = 2, deixaram sua cidadezinha e, até o casamento de Susan, dividiram um apartamento. Esse 2 tem um forte papel em seus mapas: nessa época estavam aprendendo a se relacionar uma com a outra e a cuidar uma da outra. Quando mudaram para Londres, seu Número da Comparação de Anos Pessoais era 31 = 4. É outro 4, que as aproximou de suas raízes e que as ajudou a construir a base da vida e também dessa amizade.

IMPRESSÕES GERAIS

Annabel e Susan são realmente boas amigas e, desde a época que se conheceram, trabalham a amizade para torná-la sólida. Essa é a influência do número 4, que aparece várias vezes na comparação dos mapas. Têm como desafio romper a dependência mútua e a expectativa de uma assumir a responsabilidade pela outra em momentos de crise. Mas elas se ajudam mutuamente e uma funciona como uma âncora para a outra.

Annabel e Susan estão aprendendo a amar e a cuidar uma da outra e é ótimo que tenham com quem compartilhar os sentimentos e a vida.

Capítulo 9

Fim da Jornada

Os relacionamentos vêm e vão, mas cada um deles nos ensina alguma coisa sobre nós mesmos e sobre a vida, para que possamos seguir em frente, mais sábios a cada experiência. Numerologia é vida: se tivermos consciência dos números que nos influenciam, teremos consciência de nosso pleno potencial, o que vai nos ajudar a tirar o máximo proveito da vida.

A numerologia é fascinante porque nos ensina que as situações e os acontecimentos da vida são governados pelo nosso próprio ritmo de ciclos e tendências. Quanto mais pesquisamos esses ciclos, mais padrões de comportamento, questões relativas à direção na vida e interações cármicas ficamos conhecendo. Por exemplo: se você está num Ano Pessoal 8 e surgem problemas relativos ao poder pessoal, examinar a última vez em que esteve num ciclo 8 vai ajudá-lo a identificar a base da questão. Para se aprofundar ainda mais, volte mais nove anos, quando também estava num Ano Pessoal 8, e então o cerne da questão poderá se revelar e ensinar-lhe esta lição.

Em qualquer relacionamento, as lições que aprendemos uns com os outros são muito simples. Por exemplo: se o número da Comparação dos Caminhos da Vida do relacionamento que lhe interessa for 1, os dois estarão trabalhando a independência, se for 2, estarão trabalhando a capacidade de compartilhar, e assim vai. A vida é simples, mas os dramas que tecemos dia após dia ao criar e superar essas situações são intrincados e um tanto misteriosos. Mas, ajudando-nos a identificar essas lições simples, a numerologia nos ajuda a eliminar o drama de nossa vida, pois quando atingimos a consciência o jogo acaba: não jogamos mais com nós mesmos, com os outros e com a vida. Na verdade, todas as pessoas do planeta estão aprendendo as mesmas lições básicas. Mas cada cultura tem suas próprias prioridades e critérios para estabelecer o que é aceitável dentro de seus limites. Por exemplo: em alguns países, a poligamia (casamento com mais de uma pessoa) ainda é praticada. Nessas culturas, relacionamentos assim são naturais e normais, embora já sejam minoria. Além disso, as pessoas têm comportamentos sexuais diferentes: são heterossexuais ou homossexuais. E há diferentes tipos de relacionamentos: com amigos, colegas de trabalho, amantes, sócios, filhos, pais, primos, avós e assim segue a lista. Mas a numerologia nos mostra que estamos todos aprendendo as mesmas lições básicas, assim como respiramos o mesmo ar.

A LIÇÃO DA NUMEROLOGIA PARA A VIDA

Os relacionamentos nos ensinam as lições que precisamos aprender na vida. Este livro de numerologia ajuda a pôr em evidência essas lições e chama a atenção de cada um para o próprio potencial e para o potencial de seus relacionamentos. Além disso, ele nos ajuda a desenvolver a consciência intuitiva na medida em que os números revelam sua magia única.